少ない物で「家族みんな」がすっきり暮らす

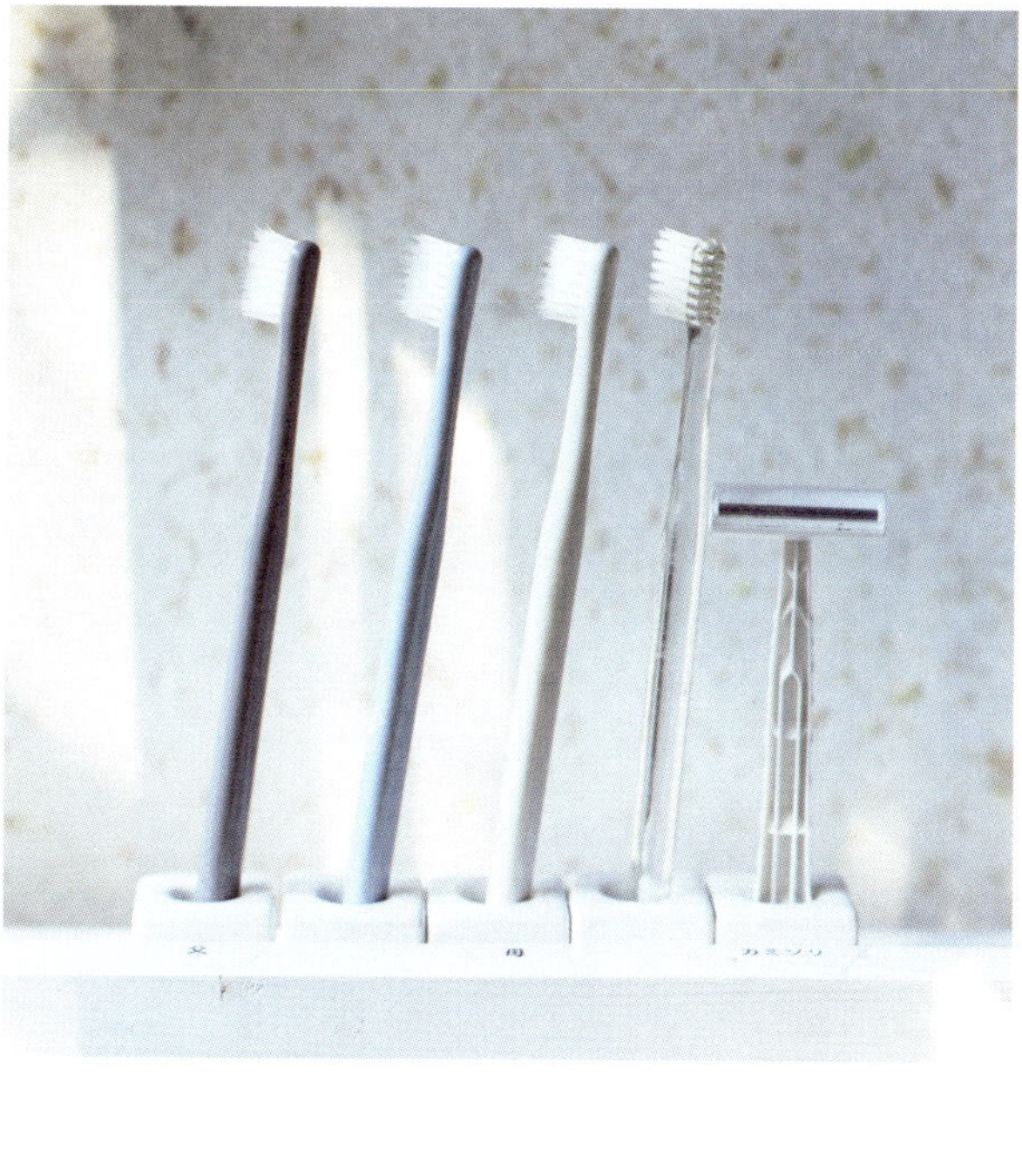

やまぐちせいこ

はじめに

家族での引っ越しが3回を数えた頃、インテリアの記録として『少ない物ですっきり暮らす』というブログを開設しました。家の様子を写真に撮り、客観的に暮らしを見つめるなかで、物と暮らしを見直すきっかけになりました。と同時に、愛娘に発達障害があることがわかり、生まれつきに抱える「片づけが苦手」という障壁と向き合うようになったのです。

わが家は以前より物の紛失が多かったため、まず物を減らすことから始めました。そうするうちに、ミニマリストというライフスタイルに出会い、必要以上に物を持たない暮らしに舵を切ります。すると、今まで探し物や片づけに費やしていた時間をほかの何か、たとえば晴れた日は布団を外に干すようになりました。「ふかふかで香りのよいリネンに包まれて眠れるなんて幸せだな。グッジョブ、私！」と、自分を褒める気持ちと感謝の念が自然に込み上げてきました。

私の心が変化すると、家族にも変化が起こりました。以前は朝から物が見つからず、パニックを起こしていたのですが、探し物をする回数が減って心が落ち着くように。私も「もう！」と癇癪《かんしゃく》を起こさず

にすみ、何か起きたときに落ち着いて対応できるようになりました。

次は価値観の変化でした。「普通はこれぐらい持つべき」という価値観から、「普通って何だろう?」と考えるようになったのです。ふんわりとした正体の見えない「普通」に合わせて、暮らしづらい、生きづらいと感じていたことを見直し、多少「普通」でなくても自分たちの暮らしを大切にするほうが幸せではないのだろうか? そう家族一人一人が「自分の幸せ」について考え始めました。

以前は「あれが足りない。これが足りない」と足りない何かを数えてばかりでした。でも今は、「パリッと乾いたリネンに包まれて心地よく眠る」——ただそれだけで、十分幸せだと気づきました。

幸せの価値観もまた、人それぞれです。私は派手な装飾品を持つよりも、ゆるやかな時間を持つために針仕事を好んでします。だから、実用品以外の私物は裁縫道具だけ。物を持つより、心をまっさらにする時間を持つことが、私にとって幸せだからです。

もし家族でミニマリズム生活を始めたいと考えているなら、まずは自分が変わることです。あなたも、一歩踏み出してみませんか?

目次

PART1 ミニマリストの部屋づくり

PART2 ミニマリストの家事

PART3 ミニマリストの着こなし

PART4 ミニマリズムと家族

これがわが家の「ちょうどいい」量です

写真は、家族4人で使う食器やカトラリーのすべて。必要十分な「ちょうどいい」量です。

いくつ持つかは、目的によって変わってきます。子どもが家事に参加するようになった今は、安心して任せられる量。うっかり落としたり、洗っていて割っても、穏やかでいられるよう、少し多めにそろえています。服も靴も日用品もそれぞれに理由があって、必要な量を持つようにしています。

カウンターには物を置きません。
ゼロに戻しておけば、コーヒーを
入れたり、アイロンをかけたりと、
いろんな場面で活躍します。

左上から時計回りに／日用品のストックは1アイテムひとつ。1か所に集めて管理の手間をミニマルに。寝室の押し入れは服と布団、季節の家電だけ。クロゼットの後列に設けたアクセサリー収納。家族全員好きな靴を履きつぶすので、数は少なめ。携帯する物は4アイテム、小さなバッグで身軽に出かけます。シンプルなデザインのシャツを柄違いで持ち、「少ない」と「楽しい」を両立。

少ない物で暮らすメリット

物を減らすと「今大切なもの」が見えてきます。すると、暮らしはもちろん、家事や子育て、生き方がシンプルになり、悩まなくなります。

人生がフィットする

一日で自由になる時間は、専業主婦だった頃に比べて減っています。ところが人生において「できること」が増え、自由を手にした気分です。これは、ミニマル思考が身についたおかげだと思っています。

ミニマル思考で取捨選択ができるようになると、物事の優先順位がつけやすくなります。家事、育児、仕事……、同時進行で起こるタスクの、いったい何から考えていけばよいのか。

そんなときは、真っ先に「できないこと」を切り離し、やりません。たとえば家事なら、私の場合は料理。今は料理上手な夫に全権委任しています。私は掃除や片づけなど得意な「できること」をやるのでストレスが少なく、「やらされ感」がないので、楽しんで向き合えます。

「できないこと」を手放して、「できること」をやる。ひとつひとつの選択がこの一択です。とてもシンプル。これを繰り返すうちに、人生が少しずつ自分のものになってきました。

家事がラクになる

物が少なくなると、いちばん大きく感じる変化は掃除のしやすさでしょう。床や棚の上に物があると、どけるところから始めなければならず、おっくうになって掃除が疎かになりがちです。けれど、物がないとすぐに始められるので、自然に掃除が続きます。汚れもよく見えるため、「こりゃまずい」と腰が上がります。洗濯や炊事では、管理する対象が減るため、すべての工程でラクを感じます。片づけも一緒。収納スペースにゆったりと配置できるので、見つけやすく戻しやすい。家族が自分でできるようになり、「お母さん任せ」がなくなります。

スタイルのある人になれる

たとえば洋服は、毎シーズンテーマを決めて購入します。黒のワンピースをメインにしよう、シャツとワイドパンツを組み合わせよう、といった具合に。また、キッチンの棚に置く食器や調理道具は、「無印良品スタイルでいく！」と決めています。何でもそうですが、少ない数で暮らしを回すには、まず「これでいこう」という型を決めることが大事。型があれば、ついあれこれ目移りしても、「なんだか違う」と見極める力がついてきます。このように、型に合う物選びを続けるうちに、徐々にスタイルができ上がっていきます。

夫と子どもの自立が進む

一年前から共働きになり、仕事と家事の両立を迫られるようになりました。

そこで、始めたのが家事の交通整理です。「できないこと」を手放し、家族それぞれが「できること」を担当。現在は、料理は夫、浴室・食器洗いは長男、炊飯は長女の役目です。私が収納サービスで家を空けるときは、いつも私がやっている洗濯と掃除、片づけを手分けしてやってくれます。

家事シェアで必要なスキルを身につけた子どもたちは、すっかり身の周りのことをできるように。いつでも安心して社会に送り出せます。

感情に振り回されない

たとえばＵＦＯキャッチャーで、「もうちょっとで取れそうだ」「次の人に取られたくない」という感情が働いて、お金をどんどんつぎ込んで後悔する人がいます。でもたとえば「１０００円まで楽しもう」と線引きしておけば、景品が取れなくても気持ちは軽やかです。

物事の取捨選択に慣れると、プラスとマイナスの引き際に敏感になり、自分の物差しができてきます。何かあっても物差しでピッと線引きすればいいので、ただの作業です。感情に振り回されず、ラクに生きられます。

災害に強い

台風による暴風雨で雨漏りがしたときは、「ミニマリストでよかった」と心底実感しました。こたつテーブルをどけて床を拭くだけで、すぐ日常を取り戻せたからです。物が多ければ後始末が大変ですし、家電が水濡れすれば故障の原因にも。地震で家具が倒れる心配もなく、固定する手間や費用もかかりません。

何よりよかったと思ったのが、貴重品や薬など緊急時の持ち出し品の場所を家族が共有していること。物が少なく、わかりやすいので、すぐに持ち出せ、取りに戻って二次被害に遭うこともないのですから。

変化を恐れない

昨年の初めに今の家に移り、家族での引っ越しは7回を数えます。物が少なく、家具も分解できるものを選んでいるので、自家用車で往復すれば引っ越しは完了。ずっと賃貸暮らしですが、フットワークのよさが夫婦ともに気に入っています。

夫の転勤や子どもの転校、私の仕事など、人生の変化は突然訪れることが多いもの。そんなとき、物が多いと引っ越しが足枷になって動きづらくなりますが、物が少ないと迷うことなくよりよい選択ができます。一歩踏み出すことにためらわなくなり、目的にまっすぐ向かっていけるのです。

やまぐち家の住人

転勤族で引っ越しが多かったせいか、
子どもが思春期を迎えた今でも、家族一緒に過ごします。
わが家のメンバーをご紹介。

父

43歳。移動カフェを運営。わが家の料理部長。「好きであれば数には頓着しない」というタイプで、靴は3足をローテーション。教育論を語り出すと止まりません。

母

41歳。ミニマリスト。家と心の状態がリンクするタイプで、日々のモヤモヤを掃除で解決。のんびり見えてじつはせっかち。最近はゾンビ映画にはまっています。

チキちゃん

インコの♀。長女が小学生時代、交通指導員のおじさんから譲り受けました。甘えん坊で、人恋しくなると饒舌《じょうぜつ》になります。

長女

中学2年生。発達障害を持ち、片づけが苦手。絵を描くのが好きで、日々大量の作品を生み出しています。ゲーム「スプラトゥーン」好きで、イカの生態を熟知。

長男

高校1年生。母親に似て、ミニマリスト。電子工学科に在籍し、将来の夢はプログラマー。穏やかな性格ですが、負けず嫌いの一面も。テニスが大好き。

PART
1
ミニマリストの部屋づくり

ミニマルな部屋

リビングには、テーブルとラグ以外、何も置きません。「無」の空間では、たったひとつの物が映えます。つまり、「少し」の暮らしでも満ち足りるのです。

ミニマルインテリア4原則

すっきりした部屋をつくるには、
物量はもちろん、
ひとつひとつの物選びが
重要になってきます。
色、構造、機能……
すべてを満たすものを
探しました。

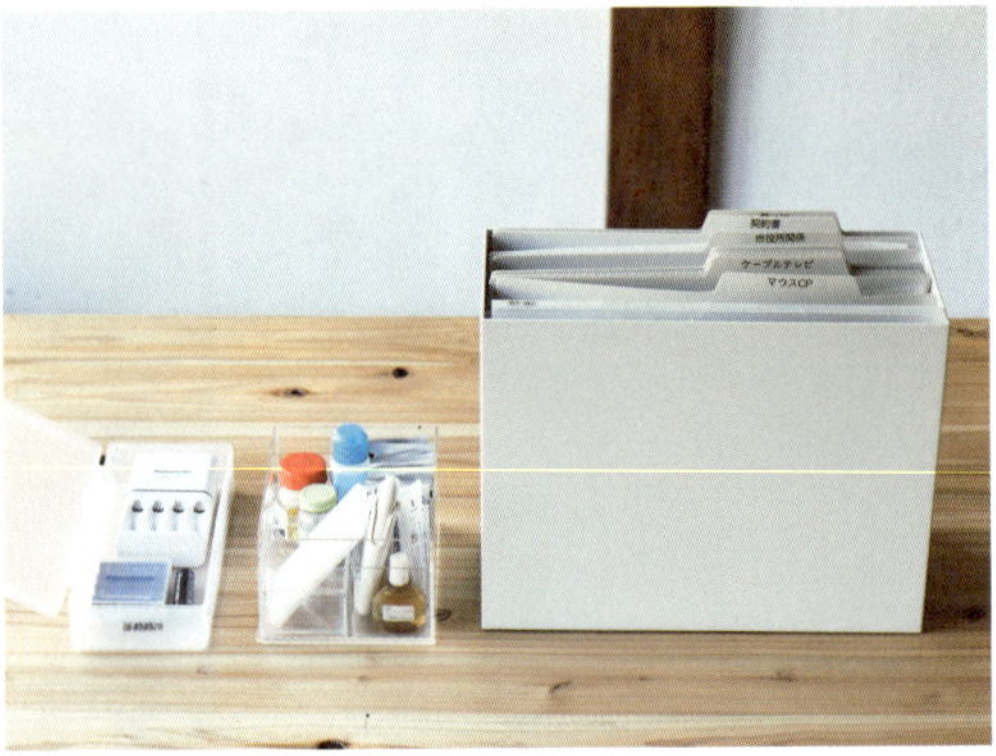

必要な物だけ

ミニマルな部屋に欠かせないのが余白。物と空間のバランスを意識し、何も置かないスペースをつくります。そのためにも、必要な物だけを。写真はリビングに収納した書類、衛生用品、電池で、日常的に使う物を厳選しています。

小さくなる家具

家具は場所や機能を限定せず、できるだけ万能に使えるものを選び、数を持ちません。折り畳み式の椅子やテーブルなら、気軽に持ち運べ、家のあちこちで使えてミニマル。置きっぱなしにしないため、床掃除もラクチンです。

シンプルなデザイン

シーズン中出しっぱなしの家電は、インテリアの重要な要素。どこにいても目に入るため、部屋にしっくり溶け込むシンプルなデザインを選びました。右が無印良品の扇風機で、左がダイソンの「ホット アンド クール ファンヒーター」。

色数が少ない

インテリアは、白、黒、ナチュラルカラーの3色でコーディネート。色の氾濫を抑えれば、すっきりとした部屋をつくれます。折り畳み式の椅子はいずれもアウトドアメーカーのもので、右がキャプテンスタッグ、左がヘリノックス。

物を増やさないルール

毎日物が行き交う暮らしでは、何もしないとアッという間に物が増えていきます。そうはならないために、私が日々心がけているルールをご紹介します。

快適さを追求する

服が「たくさんあるのに着るものが少ない」ということがあります。どれもしっくりこないのです。でも、私はこの段階ですでに答えが出ていると思います。人は、快・不快で物を選ぶもの。「しっくりこない」、つまり「快」ではないものは手に取りません。「しっくりこない」と感じたら、放置せずに即対処。買うときも「しっくりこない」を大事にし、安易に手を出さないようにしています。

物の価値は変わる

物を買うときに「丈夫か」とは考えますが、「一生使えるか」とは考えません。物の価値は刻々と変わっていくもの。今大事だと思っているものも、無価値になる瞬間がきっと訪れるはずです。物を大事にするのは日本人の美徳ですが、それは使っている場合の話。使っていないということは、今の私にとってそれほど大事なものではないという証拠です。それらはサッサと手放します。

「取りおき」はしない

「取っておく」ということをあまりしません。買い物は毎日、料理も食べ切り型なので、保存容器さえ持っていません。だから冷蔵庫はすっからかん。ほかにも、紙袋は2つ、レジ袋は5枚。でも、それで困ったことはありません。家族4人で暮らしていると、だれかがどこかから持ち帰りますから。未来に宿題を残さず、今という時間軸で生きると、物が増えず、暮らしがスリムになります。

「いつか」は永遠にこない

収納サービスでお宅に伺うと、「いつか使うかも」「いつか着るかも」という物で溢れています。でも、「いつか」なんて日はこないと思うのです。予定は未定であって、決定ではないのですから。「いつか使う」と予定している物は、いつ使うのかはっきりと決めます。「○月×日」と決められないのであれば、その物はおそらく使わないでしょう。潔く手放します。

器を小さくする

ミニマリストが好んで使う財布に、アブラサス(P95)があります。コインは15枚、お札は10枚、カードは4〜5枚しか入りません。私がいつも持ち歩くショルダーバッグも小さなものです。家や収納スペースも同じで、器が大きいと物が多くても収まるので、手放す理由が見つかりません。でも、小さいと収まらずに困るので、物を厳選するようになり、どんどん身軽になっていきます。

数値化で客観的に持つ

安売りのトイレットペーパーなどは、「ないと困る」という負の感情と、「安くてお得!」という正の感情が結びついて、つい買ってしまいがちです。「だから買わなきゃ」と自分で理由づけしてしまうのです。私はストックを増やさないために、「1個持つ」と持つ数を決めています。すると、「1個あるからいいや」と買わない理由が見つかって、安易に買わなくなります。

「ソファでくつろぎたい」――。家族がずっと手放さなかったソファがとうとうなくなりました。壊れたから処分したのですが、物の温床にならずにすんで、すっきりしています。ソファがあった頃は、靴下や漫画本、ゲームなどが散らかっていました。

代わりに1シーターのソファを買い、夫のくつろぐ場所に。子どもたちはラグの上で、ゴロゴロしています。私は見た目がごちゃごちゃすると落ち着かないので、収納にロールスクリーンを取りつけ、くつろぐときは下ろせるようにしています。

リビングは家族がくつろぐ場所で、私ひとりでインテリアを決められません。家族の意見を取り入れながら、時間をかけて今の形に。テーブル、ラグ、椅子、時計……。家族がくつろぐ場所をつくるのに、必要な物はそれほど多くはありませんでした。

家族がくつろぐリビングは「これさえあれば」

座椅子

長男が好んで使うリクライニングの座椅子は、5年選手。背の角度が変えられるため、ラクな姿勢を維持できます。折り畳み式で、持ち運びもラク。

パイルラグ

床座りを快適にするラグ。クッション性と掃除のしやすさを兼ね備えた短めのパイルに落ち着きました。ナフコのTWO-ONE STYLE。

こたつ

ソファ同様、家族が好きなこたつは、冬の必需品。交換した無垢材の天板が、いい色合いになってきました。こたつ布団カバーはFab the Home。

アロマディフューザー

香りも大事なくつろぎ要素。無印良品のミストで拡散させるタイプなら、広いリビングにぴったり。オレンジ色のライトも癒やされます。

ごちゃごちゃを すっきりに変える収納

リビングは家族共有で使うものが多い場所。片づけのスキルは家族によって差があるので、トライ＆エラーを繰り返し、今のベストに落ち着きました。

たとえば毎日使う携帯の充電器。最初はフタつきのケースにしまっていましたが、開け閉めが面倒でついそのへんにポイ。ファイルボックスに放り込むだけにしたら、片づくようになりました。

また、押し入れは襖を外してロールスクリーンを設置。ふだんは開け放して出し入れのアクション数を減らし、気になるときだけ下ろしてすっきり見せています。

電源コード

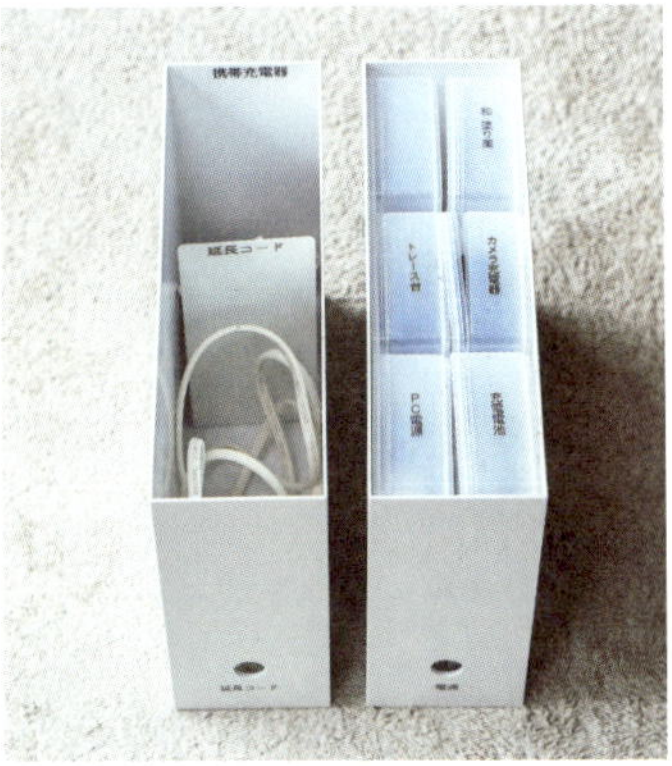

カメラやパソコンの電源コードや充電器は、どれも似ていてわかりづらいもの。それぞれをケースに分け、使用時に迷わないように。使用頻度の高いものは放り込み式。

衛生用品

中身が見えるワイヤかごには、頻繁に使う綿棒や爪切り、鏡などグルーミング用品を。薬は用途別に分け、上面にラベルを貼っています。立てて入れて上からわかりやすく。

夫のモノ

ボックス2つを夫の私物入れに。夫が管理しているので、私はノータッチ。フタつきなら中身が見えず、無関心でいられます。ボックスは無印良品のトタンボックス。

書類

家電や学校、役所など、家族に関係する書類はファイルボックスひとつにまとめて。フォルダーに挟むだけのシンプル収納にしています。探しやすく、入れ替えがラク。

リモコン

散らかりやすく、見つけづらいリモコン。探さずにすむように、テレビの下に指定席を設けました。ラベルを貼っておけば、ケースを置く必要はありません。

ゲーム

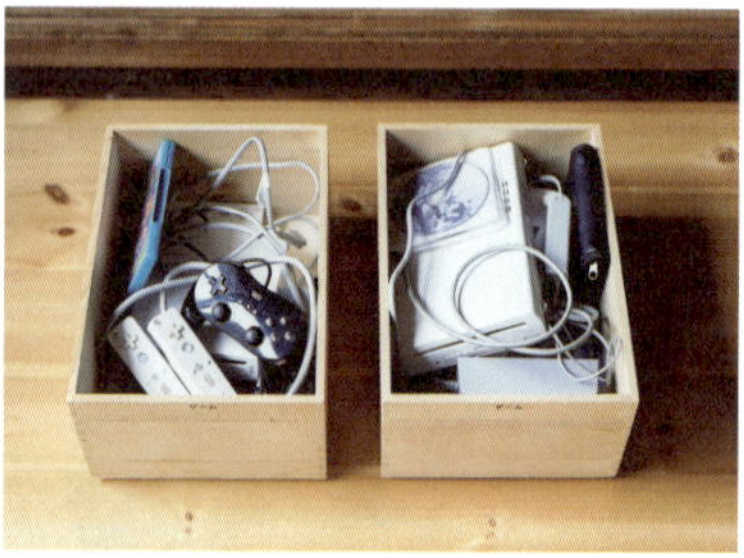

ゲームのソフトやコントローラーは木箱にざっくり収納。ここに戻せばよし、としています。テレビ台は持たず、木の板と箱で収納をDIY。長さを調整すれば、どんな場所にも収まります。

私物はバッグで持ち運び式に

リビングで家族が銘々に過ごすことが多いので、それぞれが部屋から持ち込んだ私物で散らかります。

節目節目にリビングをリセットするのですが、そのときに役立つのがバッグ。リビングと自室を何度も往復せずにすみ、1回で片づけが完了。移動ツールのおかげで、片づけの手間がミニマルになります。

ちなみに、私物の置きっぱなしは厳禁。以前、私はブログ用の写真撮影に使うカメラを置いていましたが、クロゼットに移動。大人も子どもも自室で自己管理を徹底しています。

長女は好きなものを床に広げて、自由に過ごします。寝る前にリュックにつめて背負って部屋へ。リュックは外出時のお供にも。

照明で遊ぶ

インテリアで好きなのが照明。生活動線や掃除のじゃまをしないので、思いきった物選びができます。生活必需品でありながら、見た目を優先できるため、物を増やさずにインテリアを遊べるのもいいところ。

わが家には3種類あり、いずれも無駄をそぎ落としたミニマルなデザイン。写真は上から後藤照明、ＢｅａｕＢｅｌｌｅ、ニトリ（シェードのみ）。場所に合わせて、雰囲気が異なるものを楽しんでいます。

「わずかなこと」に美は宿る

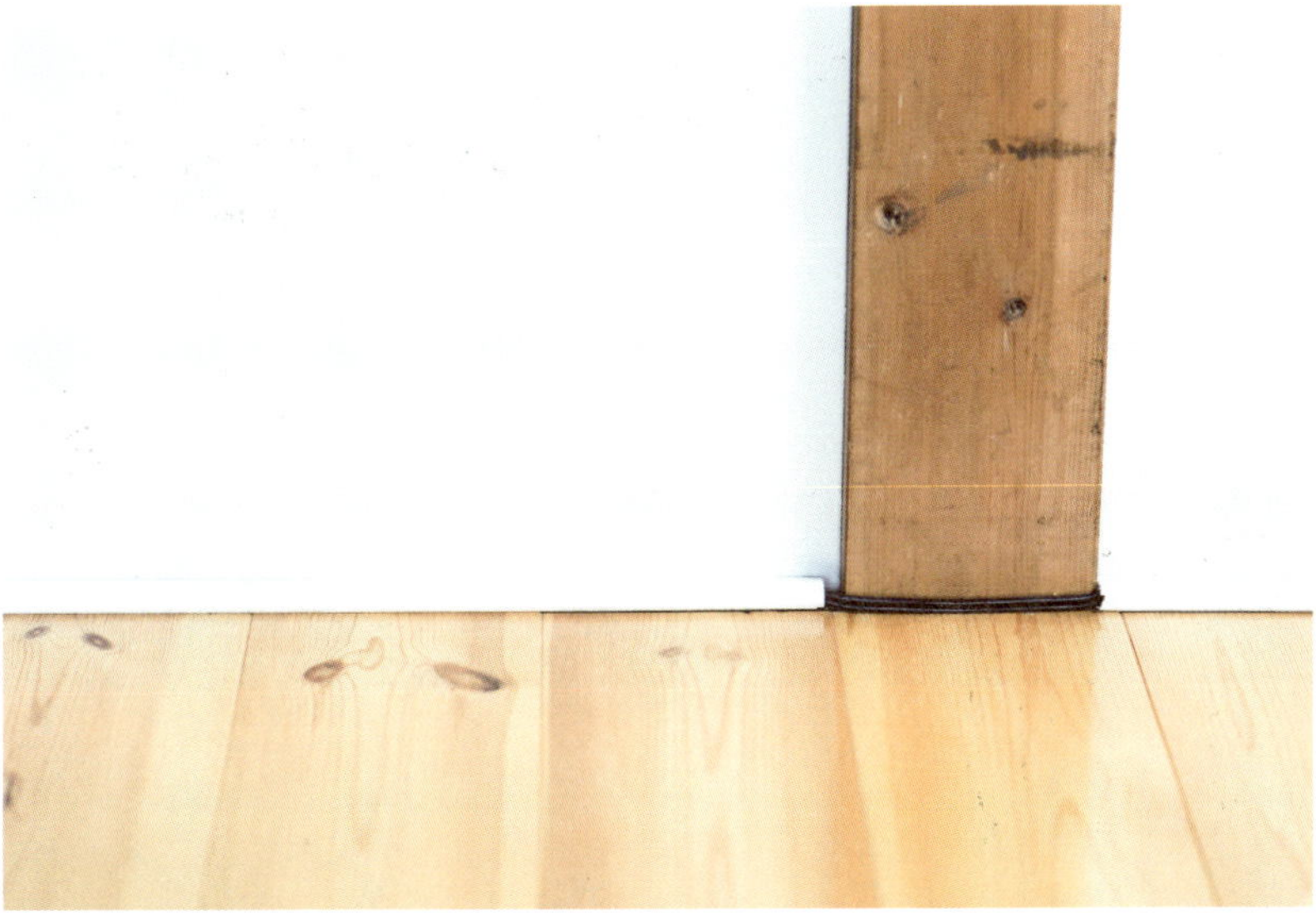

物が減って、空間が広々とすると、細部に目が届くようになります。たとえば、ごちゃごちゃの原因のひとつ、床をはうコード。できるだけ壁伝いにまっすぐ伸ばし、コの字型のケーブルカバーを使ってすっぽりと覆います。ケーブルカバーは白を選んで壁になじませ、気配を消せば完璧。こうして、1本1本整えていくと、部屋全体がすっきりとし、気持ちのよい空間に変わります。ほかにもコンセントタップやフックなど、出しっぱなしで使うものを見直すと、部屋はどんどんミニマルになります。

延長コードは差しっぱなしにせず、使用時に出し入れします。コンパクトにまとめて放り込むだけ。子どもの安全性も考慮。

気持ちのいい場所を仕事場にする

仕事用の机や椅子は、持っていません。あるのは文房具や書類、プリンターを置く棚ひとつ。そのほうが、天気や気分に応じて場所を選べ、気持ちよく仕事ができます。

机や椅子は折り畳み式を選び、使うときに運んで広げ、終わったらリセット。カレンダーも掛けっぱなしにはしません。運びづらい文房具は、ファイルボックスにまとめています。ゼロに戻しておけば、空間を自由に使うことができます。

刻々と変化する光に合わせて机や椅子を移動すれば、明るさやぬくもりを享受できて、豊かな気分になります。

右がホームセンターナフコで見つけたテーブル。脚の高さを２段階に調整でき、椅子と床座りの両方で使えます。アウトドア用品では珍しい白黒の椅子はキャプテンスタッグ。やさしいホールド力で長く座っても疲れません。

EPSON

白でまとめた書類棚

縁側の一角に仕事用品を収納した棚があります。扉のない通路で人も頻繁に通るため、すっきり見えるよう白で統一しました。
白のシェルフに、無印良品のホワイトグレーのファイルボックスを並べて、収納量を確保。ファイルボックスなら、書類のほか、文房具や電源コードなどの小物も収納できて便利です。さらにレターケースを置いて、手つかずの書類が散らからないよう工夫しています。

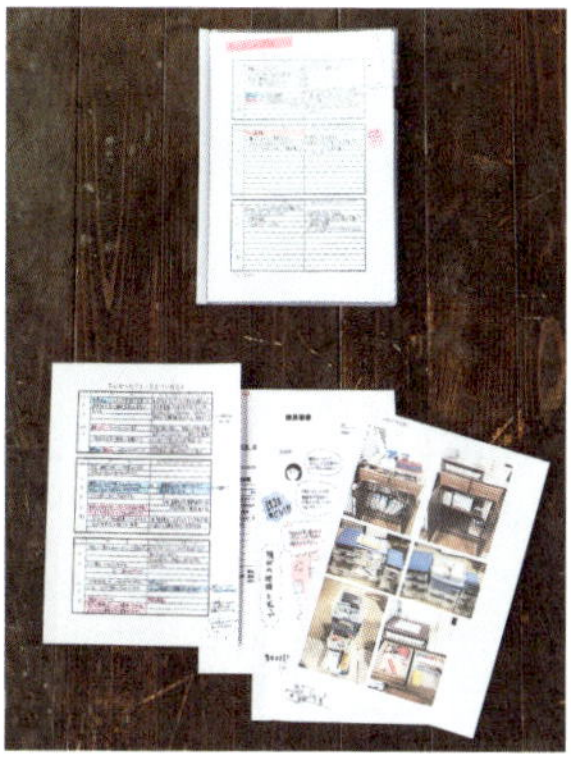

書類は積み上げ式。たとえばいくつかの市をひとつの県で束ねるようにすると、見つけやすくなります。

ミニマリストの本棚

無印良品の「ポリプロピレンファイルボックス・スタンダードタイプ・ワイド・A4用」。これが私の本棚です。今は仕事のスキルを磨くため、収納のテキストや参考書が入っています。

読書が趣味なので、本は月に3冊は読みます。十分に堪能したあとは納戸に移動。しばらく様子を見て、存在を忘れるようなら処分。読み終えた本を元の場所に戻さないことで、本棚をスリムに保っています。

繰り返し読む本は電子書籍を購入し、タブレットで管理。自分の著作も手元には置いていません。

文房具もインテリア

机に出して使う文房具は、デザインを優先。色や形がミニマルなものを選べば、「ごちゃごちゃ」がすっきりした風景に変わります。

ホッチキス

100均では珍しい白のホッチキス。ゴシック体の文字がかっこよく、男前の雰囲気が漂います。／ダイソー

バインダー

オール白のバインダーは、桟にぶら下げていても、目にうるさくありません。急ぎの書類を挟んでおくのに使用。／セリア

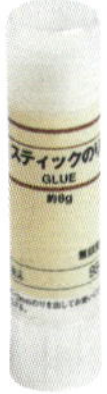

のり

色数の少ないシンプルなラベル。デスクに置いても悪目立ちせず、周囲としっくりなじみます。／無印良品

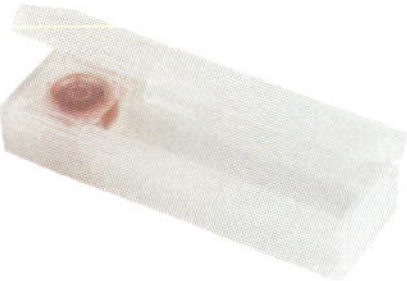

印鑑ケース

ポリプロピレン製の無色で、スリムな長方形。朱肉と印鑑を収めるだけという、必要最小限の機能がミニマル。／無印良品

電卓

表示窓や数字のキーが、カクカクした四角形でミニマル。黒いボディもスタイリッシュです。／セリア

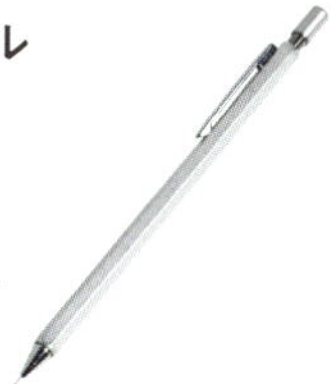

シャープペンシル

シャープな六角形とアルミの素材感が◎。地域によってはコンビニで見つかるので、探す手間が最小限。／無印良品

何も置かないのがリラックス

昨年引っ越した家は、和室が中心の古い日本家屋。寝室には押し入れが2間もあるため、物はすべて収納し、家具は置いていません。

「読書灯や目覚まし時計を置く場所はどうしているのですか?」と聞かれますが、布団に入るときは灯りを消すので、サイドテーブルなどはありません。そのための場所をつくると、物はどんどん増えていきます。必要なら畳の上に置いてもいいのですから、布団生活は本当にミニマルです。

朝起きたら布団を上げて空間をゼロにする。無の空間で得られる解放感はすばらしく、私を自由にしてくれます。

シンプルな寝具の持ち方

敷き布団の代わりに、マットレスと敷きパッドを組み合わせています。立てかけて干せ、装着も簡単なので、メンテナンスの手間が最小限。

3つ折マットレス

コンパクトに畳めるマットレスなら、部屋が広々と使えて小さな暮らしに向いています。持ち運びやすいので、場所を選ばないという利点も。アイリスオーヤマの「エアリーハイブリッドマットレス」は通気性がよく、押し入れ収納でも安心。

2WAY敷きパッド

リバーシブルタイプの敷きパッドを一年通して使い、1枚ですませています。ベルメゾンの「リバーシブル敷きパッド」はマイクロファイバー面とパイル面でできていて、季節に応じて裏返すだけ。丸洗いできるので、シーツはなし。

４人分の靴が収まった靴箱。使用頻度の低い長靴などは納戸に置いています。白いケースは防災用のカセットコンロ。

雑貨は玄関で楽しむ

好きな物に囲まれて、ゆったりと過ごしたい――。その気持ちは私も同じです。だからといってリビングに飾ると、ひとつで終わらないこともわかっています。「飾りたい欲」にフタをするとますます飾りたくなるので、少しだけ飾って欲を逃がします。玄関に飾るのです。玄関なら、飾る場所が限られているため、抑制がききます。また、長く留まらないので、うっかり壊す可能性が低いです。掃除の頻度もリビングに比べて少ないでしょうから、じゃまになりません。

帰宅したときに好きなものが目に入るのは、気持ちが安らいでいいものです。

右／陶器の置物はナチュラルな色合いを。左／黒い画用紙をカッターで切り抜いた自作のモビール。右下／掃除道具を飾りながら収納（右がかねいち、左が倉敷意匠）。

市場かごの中に、スリッパや防水スプレーなどを収納。靴磨きは私しかしないので、シューケア用品はクロゼットで管理。

column

ミニマリストの収納メソッド

最初から暮らしにピタッとフィットする収納は、そう多くはありません。トライ&エラーを繰り返し、少しずつゴールに近づいていく。だから、準備すべきは、収納用品ではなく、時間なのかもしれません。最初に、私が実践している整理収納のステップをご紹介します。

①出す　②分ける　③置く　④使う
⑤変える

最初の関門は②。収納スペースから出した物を「②分ける」とき、「要・不要」で分けるのが難しいなら、アイテムや使用頻度、用途などで分ければいいと思います。分けているうちに、「不要」なものが見えてきますから。とにかく、「捨てよう」と思わず、「分けちゃおう！」と気楽に始めます。

「③置く」では、使いやすい位置やしまい方を吟味し、仮置きして使ってみます（④使う）。不具合やストレスを感じたら、改善を繰り返し（⑤変える）、しっくりくる収納を探します。

物を右から左に動かしただけでは何の感動もありませんが、しっくりくる収納が見つかると、以前より断然使いやすくなっているため、心が動きます。「おっ、いいね！」と感じたら、収納がジャストフィットした証拠です。

PART 2

ミニマリストの家事

「やれること」をやる

ミニマル思考が身につくと、「できること」と「できないこと」がはっきりと見えてきます。家事も同じ。私は掃除や片づけは得意ですが、料理の腕はいっこうに上がりません。そこで「できないこと」を切り離し、できる人に助けてもらうように。家族が4人いれば、得意不得意が分かれるので、互いにカバーし合えます。

わが家の場合は、料理は夫と長女、掃除や洗濯、片づけは私、風呂と食器洗いは長男。得意なことを担当すると、楽しんでやろうと策を練り、ストレスが少ないもの。WIN-WINの関係を築け、家事の押しつけがなくなります。

家事の時間割

6:00	朝食準備・弁当づくり(夫)
6:40	朝食
7:30	子どもの送迎、食器洗い(長男)
8:00	洗濯
	片づけ
	掃除
9:30	コーヒータイム
10:00	仕事
12:00	昼食
13:00	仕事
16:30	子どもの送迎
17:00	洗濯物を取り込む・畳む、買い物(夫)
17:30	学校便り・宿題チェック(夫)
18:00	炊飯(長女)
	夕食準備(夫)
19:00	夕食
19:30	食器洗い・風呂掃除(長男)
20:30	入浴
	家族で過ごす
	自由時間
22:00	就寝

一日の家事時間は約3時間。家事シェアのおかげで、専業主婦だった頃に比べて1時間短縮。夜は家事をせず家族と過ごします。

わが家のお父さん弁当。朝6時に起床し、長男と自分のぶんをつくります。調理するのは一品で、冷凍食品を上手に活用。ふりかけにもこだわりが。

- 掃除
- 洗濯
- 片づけ
- 在庫管理
- 子どもの送迎

汚れがきれいになるにつれ、心も洗われる感覚が好きで、掃除、洗濯、片づけを担当しています。日用品の管理と補充も私の仕事。

・料理
・買い物
・学校関連

移動カフェを仕事にしている夫は料理上手。朝晩の食事、平日の弁当をつくっています。自分で献立を考えるので、買い物もお任せ。

・炊飯
・週末料理

長女は片づけるよりつくるほう専門。毎日の炊飯のほか、週末に夫が不在のときは料理を担当します。週1回は洗濯、掃除をお手伝い。

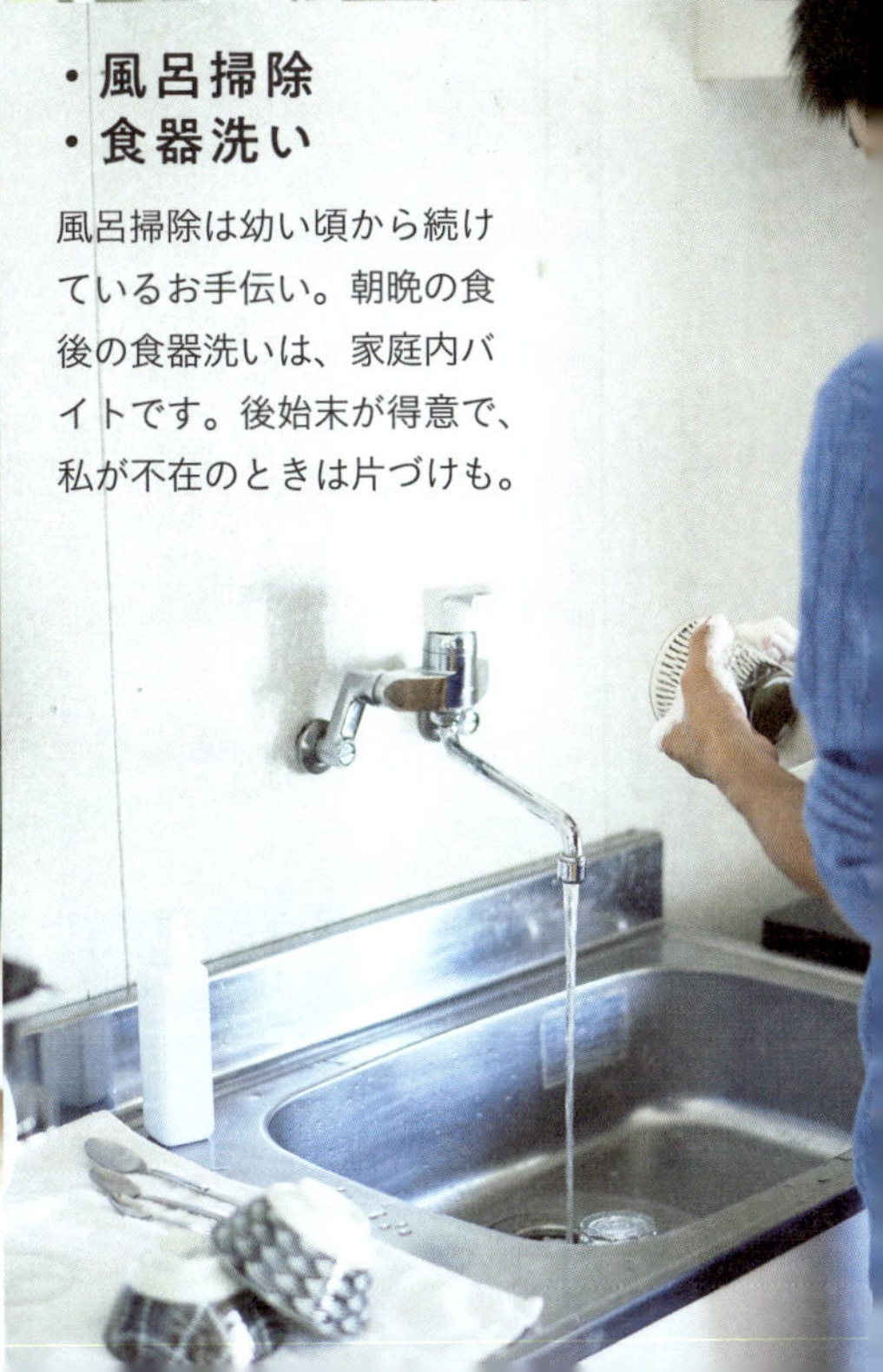

・風呂掃除
・食器洗い

風呂掃除は幼い頃から続けているお手伝い。朝晩の食後の食器洗いは、家庭内バイトです。後始末が得意で、私が不在のときは片づけも。

わが家の家事問題を整理する

家事をやってもやっても終わらない……。多くの物と暮らしていた頃は、私もそうでした。ところが、少ない物で暮らすようになって、一日を家事で追われなくなったのです。

振り返ってみると、家事スキルの低い私が、あれこれと欲張ることに無理がありました。持たない暮らしに出会い、物の取捨選択を繰り返すうちに、物事を整理する力がつき、家事も優先順位をつけられるように。物が少ないわが家の場合、最優先事項は洗濯です。洗濯が滞ると清潔な衣類を身につけられず、暮らしの質が下がります。料理も家族のお腹を満たし、健康を維持するために必要。

それ以外は時間や気持ちに余裕があるときにやればいい――。そう思えるようになったのは、持たない暮らしのおかげです。

家事の情報は家族でシェア

多いときで週に3〜5日、仕事で家を空けるようになり、家事を家族に任せる機会が増えてきました。子どもたちは幼い頃からのお手伝いで家事スキルはあるのですが、部活やテストで忙しい14歳と16歳。「やっておいて」「頼んだよ」だけでは、さすがに動いてくれません。

家族に家事をお願いするときは、簡単な指示書を書いて出かけます。たとえば掃除なら「リビングと廊下に掃除機をかける」など、「何をどこまでやるか」を明確にするのがポイント。そして、お願いごとは、子どもの生活に支障をきたさない「3つまで」と決めています。

書いた指示書はリビングのテレビの横にペタリ。絶対に毎日目にする場所なので、「忘れた」「聞いていない」という言い訳が通用しません。

だれもが使いやすいキッチン

調理道具、ふきん、弁当箱、水筒、洗剤……。伸縮式のラックで棚をつくり、出し入れしやすい手前に置いています。

わが家の料理部長は夫なので、夫がスムーズに調理できるよう、収納を考えました。よく使う調理道具や食器、調味料は棚に並べて、パッと見つかり、サッと取れるように。ラベルや配置で明確に場所を示し、紛らわしさや曖昧さをなくしました。

また、食器洗いは長男、休日の料理は長女が担当するため、彼らの意見も尊重。結果的に、家族のだれもが使いやすいキッチンが完成しました。

棲み分け

冷蔵庫のポケットに入れただしやスープの素は、同じ形状で取り違えやすいもの。よく使うだしの素は離して置き、間違えないようにしています。袋はひとつずつ切り離して。

ラベリング

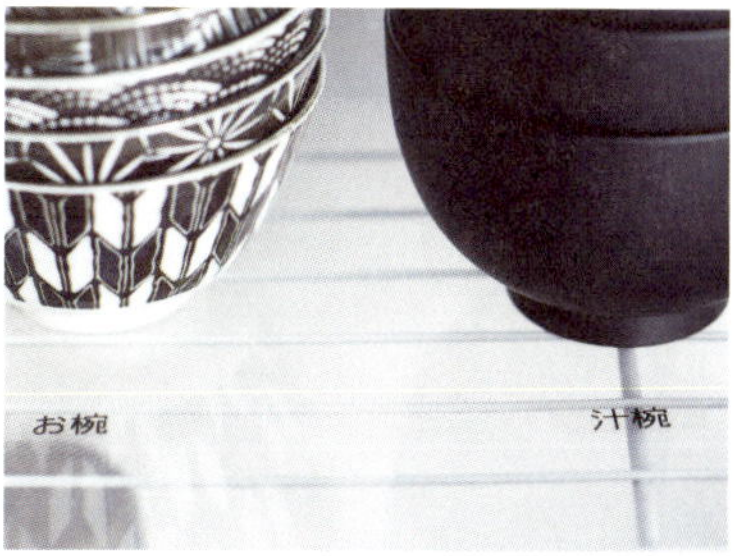

食事で茶碗や汁椀が出払うと、洗って戻すときに場所がわからず、あちこちに置いてしまいがち。ラベルを貼っておけば、迷うことなく戻せて、ストレスがありません。

スピーディー

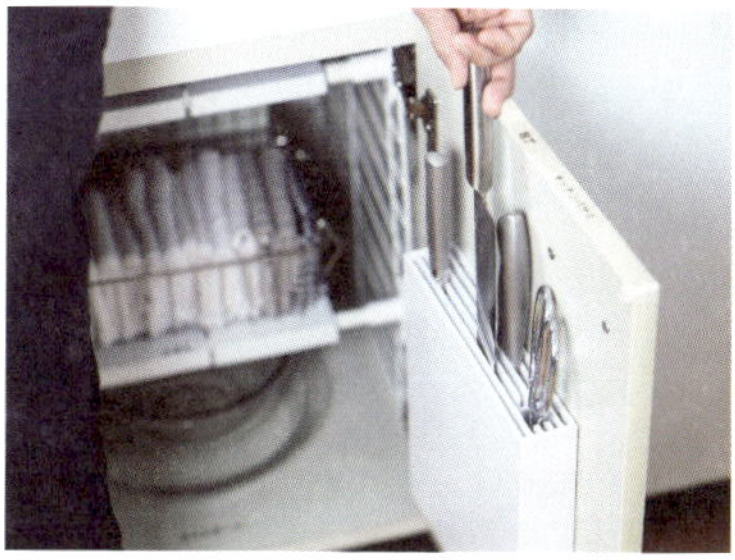

料理がサッと始められるよう、包丁はシンク下の扉に収納しています。立ち位置から右手を伸ばすだけなので、反射的に取り出せてモタつきません。

スタンバイ

調理の途中でラップやクッキングペーパーがなくなると、取り替えで手が止まってイライラします。ストックはホルダーに入れて待機しておけば、すぐ使えて便利。

後片づけをイージーに

朝夕の食器洗いの担当は、高校1年生の長男。スマホ代を稼ぐための家庭内アルバイトです。

やり方は彼に任せて口を出しませんが、わが家の古いキッチンは調理スペースが狭く、洗いかごを置く場所がありません。代わりに吸水性のよいふきんをたくさん持ち、洗った食器や調理道具はその上に。それでも乾かすスペースが足りず、ときどき雪崩現象が起こっていました。

そこで、すぐ脇のシェルフの側面にワイヤネットとかごを取りつけ、カトラリーやキッチンツールの収納場所に。洗ったらパパッと水けをきって引っかければいいので、ラクチンです。下はシンクのため、水滴が垂れても心配なし。

拭く手間も省略できて、長男からも好評です。

家事を任せられる食器と道具

食器や調理道具は、「家族の扱いやすさ」を基準に選んでいます。そうすることで、家事の「気がかり」がなくなって、安心して任せられます。

割れづらい

コップや食器は丈夫なものを用意し、割れることを心配したり、割れても怒らずにすむようにしています。写真はいずれも強化ガラス製で、コップはデュラレックス、食器はコレール。ほかに、メラミン食器なども利用。

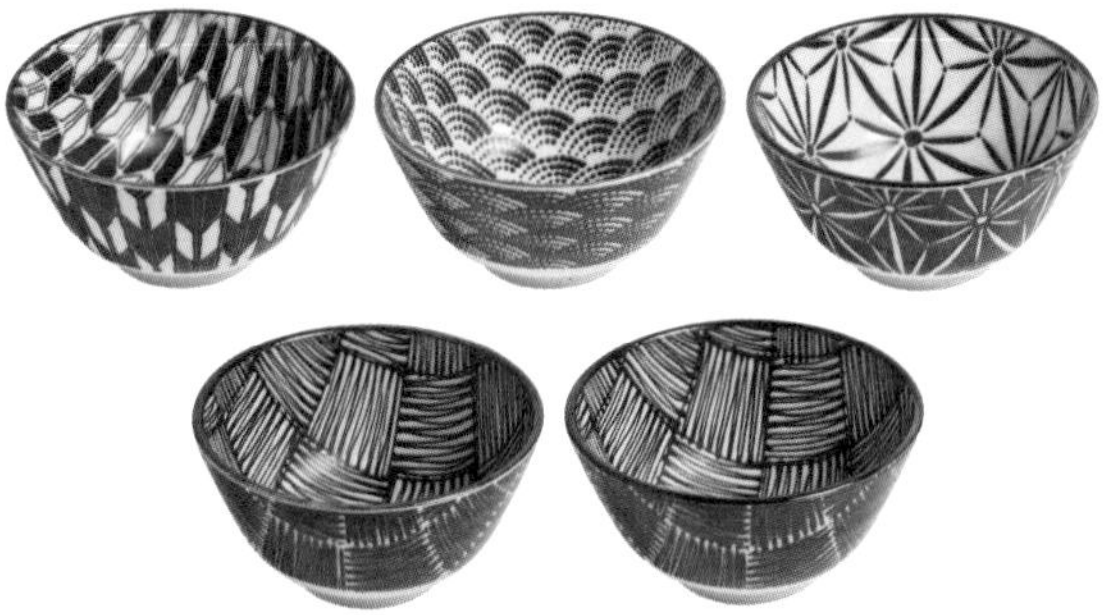

割れてもいい

洗って欠けたり、落として割ったり……。使用頻度の高い茶碗は、割れるリスクが高いので、ひとつ多めに持っています。物は少なく持ちますが、暮らしをスムーズに回すために「必要だから持つ」という判断。

汚れが目立たない

出し入れのしやすさから、出しっぱなしにしている鍋。リビングから丸見えなので、汚れが目立ちにくい黒を選びました（スイスダイヤモンド）。箸はプラスチック製。木製と違って多少乱雑に扱っても先端がはげません。

よく使う物だけを置き、
余白を持たせた食器棚。
生活感を払拭するため、
色数を制限し、収納用品
も目立たなくしています。

食器棚もミニマルに

収納をつくるとき、
私はまずゴールを描きます。
食器棚の場合は「無印良品っぽい感じ」。
白、透明、シンプルをテーマに、
物選びを進めました。

白いケース

ベースとなる色は白。写真の調味料ケースのほか、食器、まな板、ゴミ箱を白に。シェルフもシルバーだったものを塗装して白に変えました。ほかに、黒とナチュラルカラーを混ぜ、バランスを図っています。

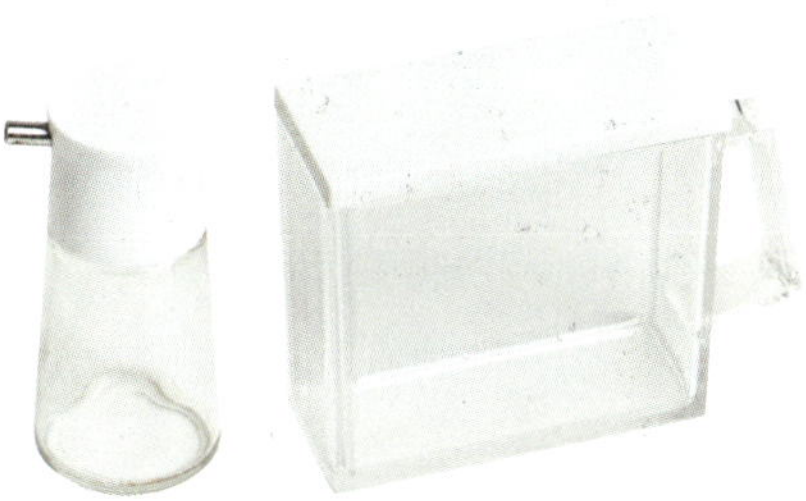

アクリル素材

仕切り棚やスタンド、ティッシュケースは、できるだけアクリル素材を選び、気配を消しました。線がごちゃごちゃすると見た目にうるさく、すっきりしません。アクリル製品はすべて無印良品のもの。

シンプルパッケージ

出しておきたい1軍の調味料は、パッケージ重視の選択を。真っ先に探すのはコンビニのプライベートブランドで、穀物酢はローソンのもの。料理酒などシンプルなラベルが見つからないときはWordで作成。

ストックと家事シェア

ストックは持っていませんでしたが、1を基準に持つように。食事づくりの担当が私から夫にバトンタッチしたことが、理由のひとつです。ストックで困るのは、あると思っていたのになかったとき。とくに料理は、たとえばオムライスをつくり始めたのにケチャップがなかったとしたら……。わが家の料理部長はきっとやる気を削がれることでしょう。ストックは、家事シェアと大きく関係しているのです。

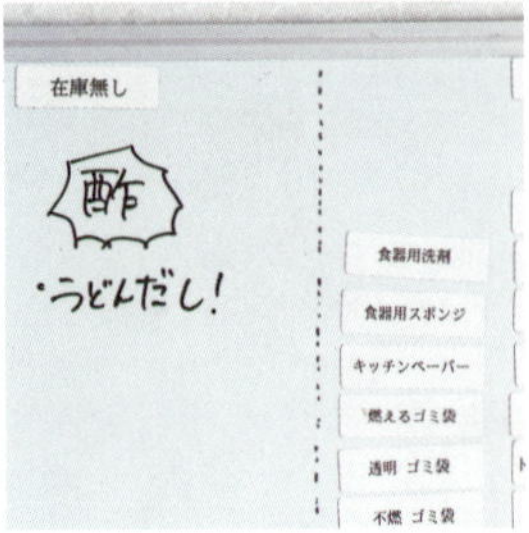

常備したい消耗品や食品は品目を書いたマグネットラベルを用意し、ストックがなくなったら「あり」から「なし」に。ラベルがないものは手書きで対応。

一元管理がわかりやすい

わが家のストック庫は、キッチンの背面カウンターの下部。前の家で食器を収納していた木製の棚をカットし、天板を合体させてつくったものです。一番下には取っ手とキャスターをつけた引き出しもDIYしました。

食品も日用品も、ストックはすべてまとめてここに。わが家は子どもが大きく、消耗品の補充は最後に使った人が行うルールですが、ストック庫にくれば必ず見つかりますし、なければ壁のホワイトボードに買い物リクエストすればOK。「どこかにあったはず」「買った覚えがあるけれど……」などと、余計な心配をせずにすんでシンプルです。

棚ひとつでストックの一元管理ができるのは、物が少ないからこそ。「ミニマリストでよかった！」と思う瞬間です。

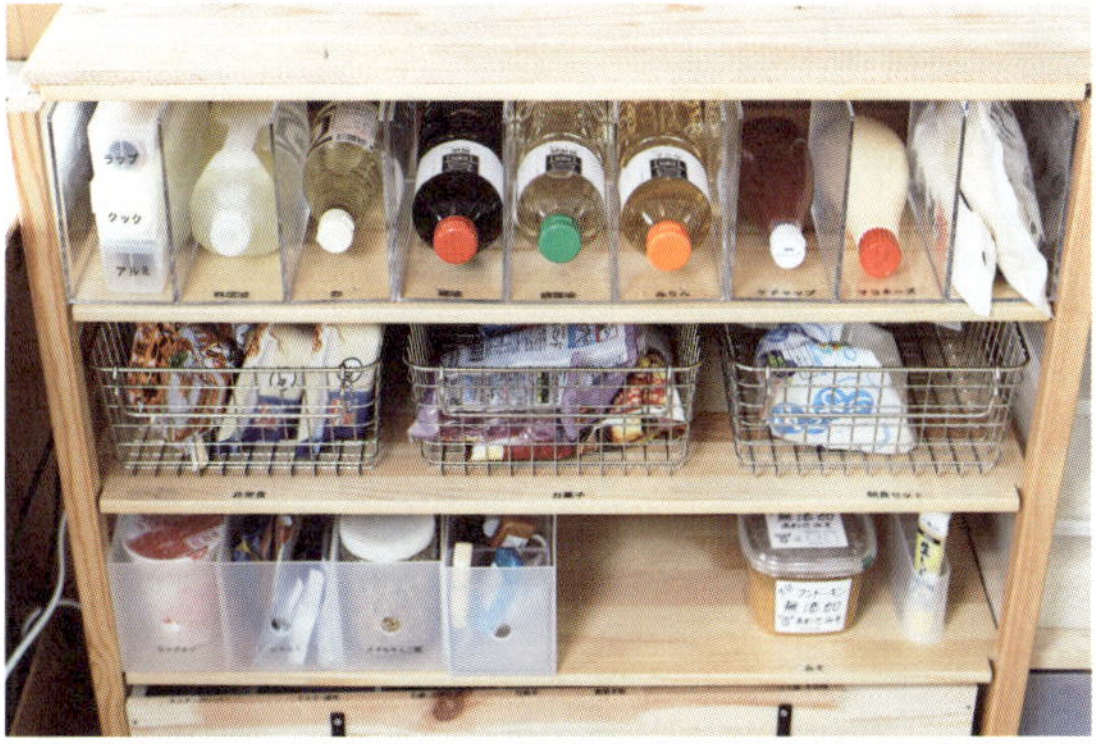

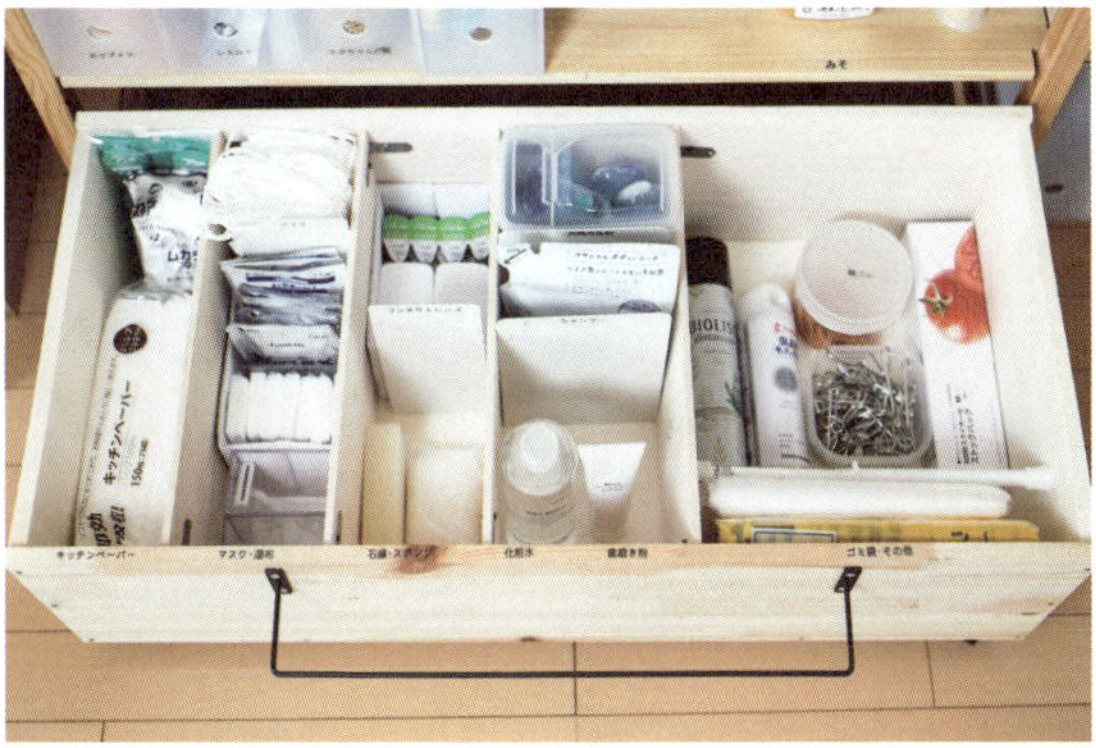

食卓と冷蔵庫をゼロにする

夫が料理部長に就任して早一年。献立も買い物も任せているので、夕食はいつもサプライズです。

夫は仕事を終えると、その日つくる料理の材料を買って帰宅します。つくるのはいわゆる男の料理で、品数はそれほど多くないのですが、共通しているのが「子どもが残さず食べきる料理」。よく登場する魚のカマは、骨がなく子どもでも食べやすいですし、にんじんや大根を刻んで入れた豚汁は、野菜が苦手な長女もペロリとたいらげます。一品で物足りなさを感じたときは、買いおきの冷凍食品をチンすることも。

料理を食べきった食卓は気持ちがよく、残り物も出ないので冷蔵庫がスカスカ。保存容器も必要ありません。食べ物は持ち越さずその日中にゼロにすれば、キッチンはかなりすっきりします。

一鍋完結ミニマル料理

夫が不在のときは私がキッチンに立ちますが、苦手なので必要以上に手をかけません。私が料理をつくる目的は、家族の健康と団らん。一日で栄養バランスをまかなおうとすると苦しくなるので、1週間単位で大らかに。マンネリは、子どもに安心感を与える母の味と捉えています。

サクッとつくって、楽しく食べておしまい。材料を鍋に入れて火にかけるだけの鍋が、私の鉄板料理です。

切らずに使えるカット済みの野菜や切り落とし肉、もやしを活用。鍋でぐつぐつ煮れば完成。

鍋料理は食後の片づけもラク。人数分の取り皿と箸、鍋、フタ、お玉。ほんの数分で洗い終えます。

洗濯物や洗剤は、かご収納とラベリングでわかりやすく。角型ハンガーを多用し、管理が面倒な洗濯ばさみは使いません。

私が仕事で家を空けるとき、洗濯は子どもたちが担当します。服が少ないわが家にとって、洗濯は家事の最優先タスク。子どもたちが面倒に思わないよう、課題を洗い出しました。よく問題になるのが、洗濯前と後の衣類の混在。乾いた洗濯物をかごに一時収納することがあるのですが、脱いだものと混ざって身につけてしまうのです。そこで、かごを2種類用意し、洗濯前後の衣類をはっきり分けることに。

また、洗濯物を外で干すのは手間がかかるため、洗濯室につっぱり棒を渡し、室内で干してから運べるように。洗濯物が乾いたらすぐしまえるよう、引き出しを乾燥機の隣に置いて、放り込み式にしました。

さらに、洗剤にジェルボールを採用。計量作業を省略しただけで、長男の洗濯率がアップしたのは、うれしい発見でした。

子どもができる洗濯システム

下着を収納した引き出しは、身長順に上から下へ。夫と長男のものは似ていて入れ間違いやすいので、間に私を挟んでいます。

分ける

衣類が混ざらず、取り違えが起こらないよう、かごで分けています。洗濯前の衣類は、乾燥機OKとNGに。洗濯後の衣類は、アイテム別に。引き出しにしまう時間がないときは、かごのまま置いて、取り出します。

量らない

キャップで量ったり、液ダレで手が汚れるのを避けるため、ジェルボールを用意。ひとつつかんで放り込むだけで、洗濯を気持ちよく始められます。小さなことですが、男子陣の洗濯率がアップ。

干しやすい

つっぱり棒に収納したハンガーを広げ、その場で吊るして、外の物干し場に運びます。洗濯機からの距離が近く、外気の影響を受けないので、干すのがおっくうになりません。

入れるだけ

下着や靴下、肌着をしまう引き出しは、洗濯乾燥機の横に置いて、しまう動線を短くしました。乾燥機から洗濯物を引っ張り出し、引き出しを開けてポイポイ放り込むだけ。畳まないので簡単です。

縁側を物干し場に変える

つっぱり棒はすぐそばの天井下にスタンバイ。部屋の雰囲気になじむよう、木目調を選びました。

雨の日や外出する日は、縁側を物干し場にします。桟と桟の間につっぱり棒を渡し、洗濯物を吊るせばＯＫ。おかげで、天候や都合で洗濯を躊躇《ちゅうちょ》せずにすみます。

たとえば家具は折り畳み式を選んであちこちで使いますが、空間も同じ。仕事場や物干し場など、時と場合で姿を変えます。自由な発想で空間を多用途に使うのもミニマリズムの利点。家事の大きな助けになっています。

アイロンがけは収納場所次第

大好きなアイロンがけも、まとまった時間が取れないときは後回しにしがち。クシャクシャの服＝時間管理の甘さを思い知るようで、自分がイヤになります。

そこで、隙間時間にアイロンがけができるよう、収納場所をキッチンに。冷蔵庫とシェルフの間にアイロン板を、背面のストック庫にアイロンを置いて、機動力をアップ。思い立ったら、すぐかけられるようにしています。

ファイルボックスにアイロンと霧吹きをまとめて、ストック庫の下に。キッチンのカウンターでかけます。

気持ちのよい空間を簡単につくれる

物が少ないと、どける手間がかからず、掃除のハードルが下がります。ほこり溜まりとも無縁で、床がすぐ現れるため、毎日の掃除で水拭きまで到達。つまりは、簡単にきれいがつくれます。

掃く道具は適材適所に持つ

ミニマリストだから物が少ないとは限りません。必要に応じて物を持つのが、ミニマリストだと考えます。

昨年引っ越した家は古い日本家屋で広く、人力では日々の掃除がとても追いつきません。そこで、ロボット掃除機、コードレス掃除機、ほうきの3種類を持ち、場所や目的で使い分けています。

毎朝の掃除では、私がコードレス掃除機でリビングを掃除している間に、ロボット掃除機が子ども部屋や寝室を回ります。桟やレールなど、こまかな場所を掃除したいときはほうきの出番。シュッシュッと掃くたびに心が洗われていくので、時間に余裕があるときは好んでほうきを使います。

「ルンバが通るからよろしく!」のひと言で、床の散らかりはすっきり。「片づけて!」というより効果的です。

洗剤問題を シンプルに

洗剤を用途や場所で選ぶと、数がどんどん増えていくので、あるとき難しく考えるのをやめました。家の汚れを汚れとカビに大別し、汚れは液体クレンザーで、カビはカビ取り剤で対処することにしたのです。

研磨剤を含んだ液体クレンザーは、油汚れや水垢、ゴミ箱についた手垢、棚の黒ずみなど、たいていの汚れを落とせます。何でもこれでやってみて、落ちなかったらほかの手を考える。考え方をシンプルにしたら、洗剤で悩むことがなくなりました。

靴クリーナーとしても

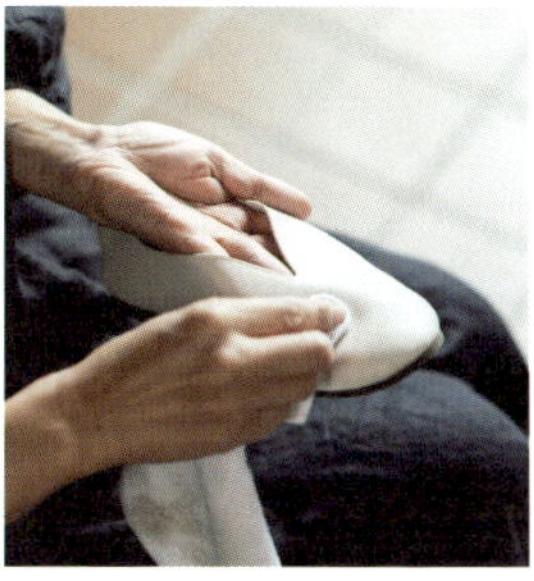

合皮の靴についた汚れは、マイクロファイバーに液体クレンザーをつけ、やさしくこすります。

洗面所こそ物を選ぶ

朝の洗面所はスピード勝負なので、出し入れしやすいオープン収納が最適。洗面台脇の棚に並べて使う洗面用具は、見た目重視で選びました。

歯ブラシホルダーやうがいコップ、ソープディッシュなどは、白や透明、シルバーのすっきりした色合いに。整髪剤や歯磨き粉もシンプルなパッケージを探しました。毎朝の身支度で乱れやすい場所だからこそ、物選びの工夫で清潔感をプラス。掃除以上の効果が期待できます。

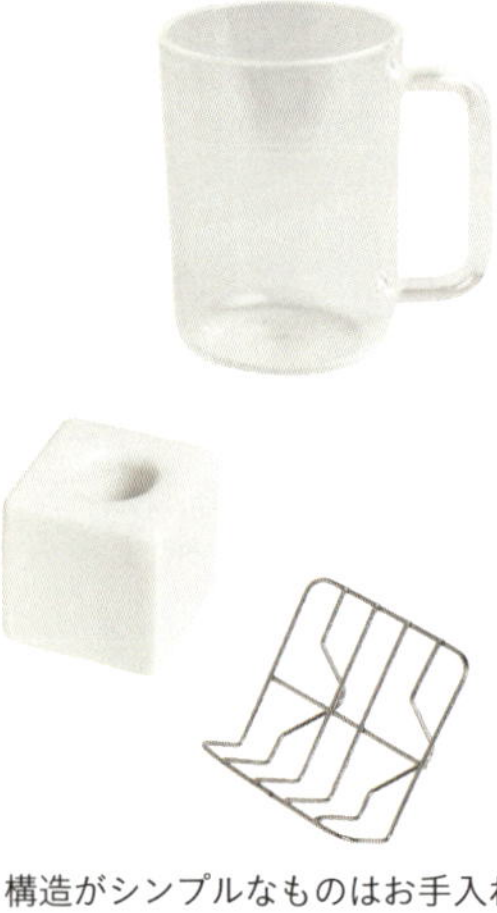

構造がシンプルなものはお手入れもミニマル。キューブ形の歯ブラシホルダーはSeriaで、ほかも100円ショップ。

浴室は汚れを最小限に

掃除がやっかいなカビやヌメリを防ぐため、収納の工夫で汚さないようにしています。掃除道具も一緒に収納し、毎日の掃除をしやすく。

タオル掛けを利用し、シャンプーやブラシを浮かせ、接地面を減らします。乾くのもスピーディー。

石けんで手軽に

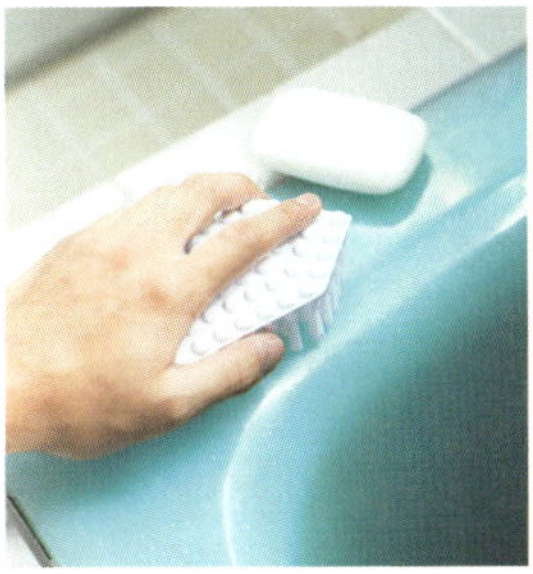

掃除担当の長男は、石けんで掃除します。ブラシに石けんをこすりつけて泡立て、浴槽をゴシゴシ。

ウエスは使わない

掃除で汚れた家がきれいになっていく様を見るのが好きなので、拭き掃除をよく行います。棚も桟も照明のシェードも、水拭きが基本。ほこりを払い落とす毛ばたきは持っておらず、雑巾でそろりとぬぐい取ります。

雑巾は100円ショップで売っているマイクロファイバーを愛用。あえて汚れやすい白を選べば、家の汚れを確認できて、こまめな掃除につながります。まとめて買ってどんどん使い、汚れたら漂白して真っ白に戻します。

日々の掃除に、ウエスは使いません。そもそも古着や古タオルを取っておく習慣がないからですが、手にしたときの感触がまるで違うから。私にとって雑巾は体の一部のようなものなので、気持ちよさを大事にしたいのです。

トイレは雑巾2枚で拭き上げる

朝の掃除には、トレイ掃除も含まれます。特別な道具は使わず、雑巾による水拭きだけですが、毎日のことなのでこれで事足ります。

雑巾は2枚用意し、床と便座で使い分けます。ニオイのおもな原因は周囲に飛び散った尿なので、雑巾で拭き取るだけでさっぱり。消臭剤も必要ありません。汚れの温床になるトイレマットは置かず、掃除のハードルを下げています。

ちなみに、便器についた黒ずみや尿石汚れは、目の細かい耐水サンドペーパーに水をつけて、やさしくこすり落とします。

育児の負担をミニマルに

仕事を始め、家事シェアを本格的に導入した際、学校行事やＰＴＡの参加を夫に頼みました。仕事で不在がちな夫は、「俺は事情を知らないから」と、育児の責任を私ひとりに押しつけていたように感じていたからです。

子どもが学校で何かあったとき、家長である夫が前面に出る意味合いは強いと感じています。トラブル下で私は感情的になることがあり、泣きながら訴えたときに「お母さん、何がいいたいのですか？」といわれたことも。その点夫は論理的で、冷静に対処できるため、学校との話し合いがスムーズに進みます。

夫が学校との連絡を引き受けることは、結果的に妻にとってやさしい選択に。育児のシェアは、精神的な負担を軽くしてくれます。

おおざっぱな性格なので、お金の計算など細かいことが不得手です。家計簿も日記と同じで一日二日続かないとどうでもよくなり、続けられない自分へ嫌悪感を抱いてしまうので、つけていません。

ただし、家計の大部分を占める食費については、週の予算を決めています。買い物は夫の担当なので、専用の財布に毎週決まった額を入れ、翌週たまったレシートにざっと目を通します。適切に使われていればよしとし、節約はしていません。

このようにお金はざっくり管理ですが、たとえ車であってもローンだけは組まないと決めています。カードも必ず1回払いを選びます。未来の自分に借金をすると、それが足枷になって自由に動けませんから。そのつどそのつど清算し、身軽に生きていたいのです。

お金は「つど払い」で軽やかに

ミニマルな家事をつくる道具

手間が最小限、コンパクトに収まる、多用途に使える……。見た目はもちろん、機能にすぐれた道具は、家事をぐんとラクにしてくれます。

炊事

黒窓のオーブンレンジ

白と黒のツートン。取手や操作パネルが黒で、汚れが目立たず、メンテナンスの手間もミニマルです。／無印良品

グッドデザインなケトル

アルマイト製のマットな黒がおしゃれ。コンパクトですが容量があり、底面積が広いため湯が早く沸きます。／LOGOS

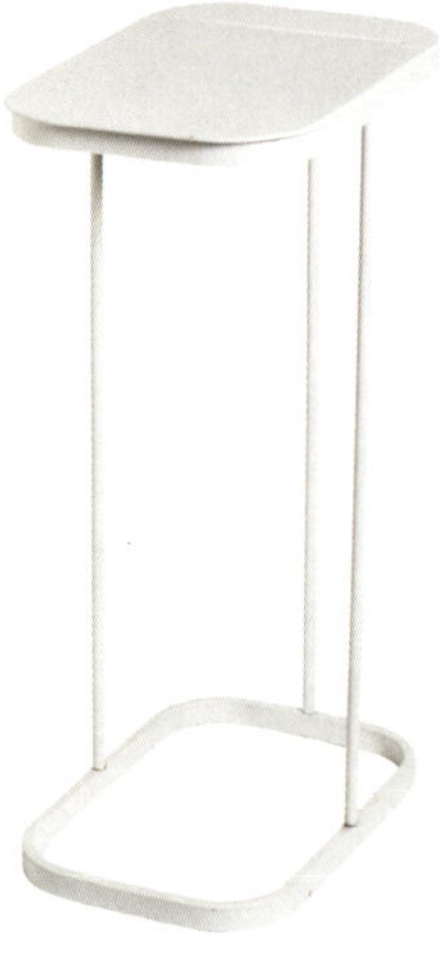

セットしやすいゴミ箱

フタを外し、ゴミ袋をフレームにセットするだけ。箱状の本体がないので、掃除の手間が最小限。スリムさも◎。／山崎実業

幾何学模様のおろし金

三角形の目立てがミニマルで、無駄のないシンプルな構造。カーブ状で野菜の接地面が少なく、腕が疲れません。／和田商店

洗濯

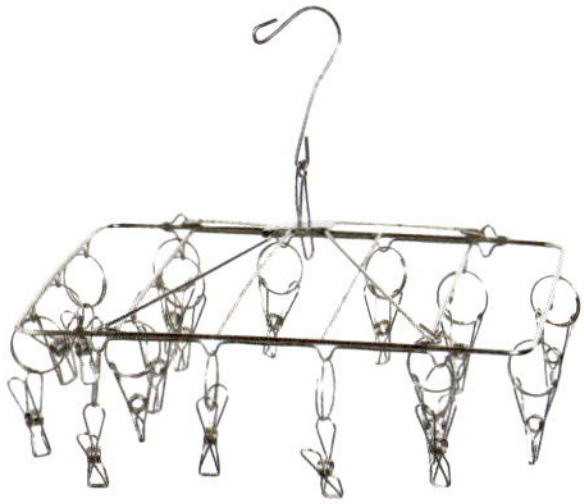

収まりのよいバケツ

容量たっぷりで一日分の汚れ物がすっぽり。バケツで四角形は珍しく、棚にすっきり収まるのがミニマル。／stacksto

CP抜群のハンガー

シルバーのハンガーは、靴下など小物を干すのにぴったりのサイズ。300円ながら耐久性にすぐれ約5年使用。／3COINS

収納

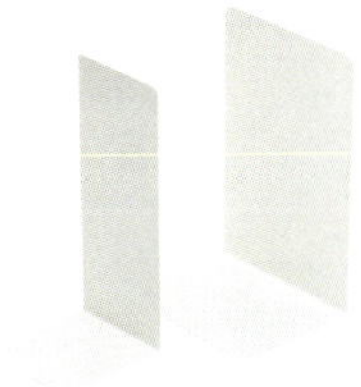

ボックスにはまるブックエンド

ファイルボックスに入れて、仕切り板として使用。量に応じて動かせるのが便利です。大はワイドタイプに最適。／ダイソー

折り畳み式の整理ボックス

コンタクトレンズなど、バラけやすいものをまとめるときに。畳めるので、未使用時の収納がコンパクト。2個セット。／ニトリ

掃除

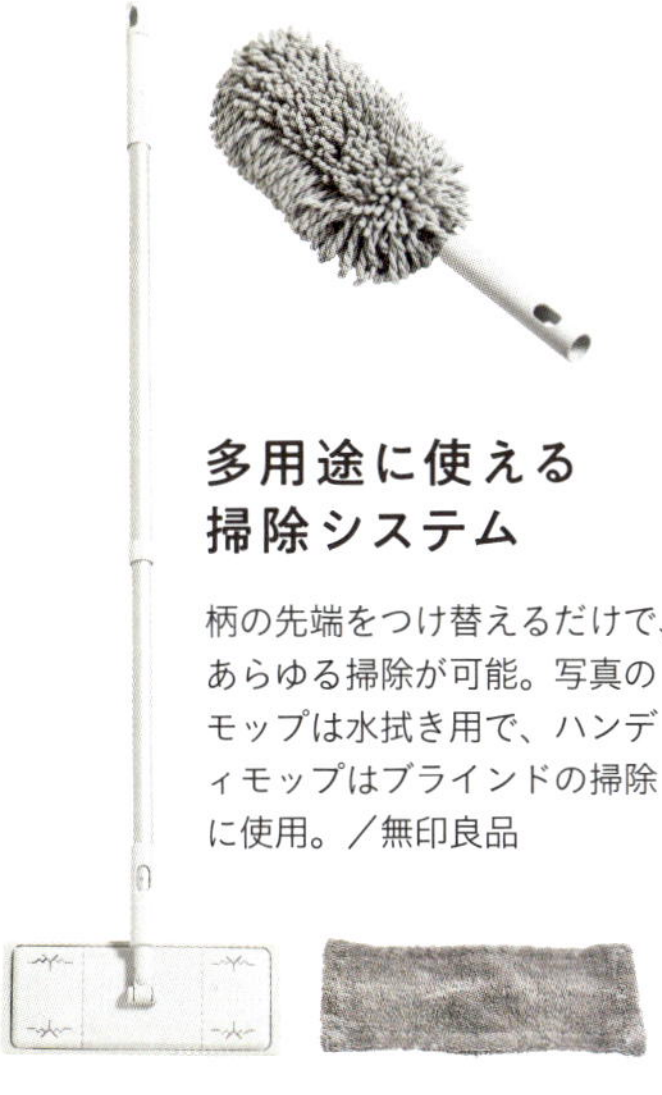

多用途に使える掃除システム

柄の先端をつけ替えるだけで、あらゆる掃除が可能。写真のモップは水拭き用で、ハンディモップはブラインドの掃除に使用。／無印良品

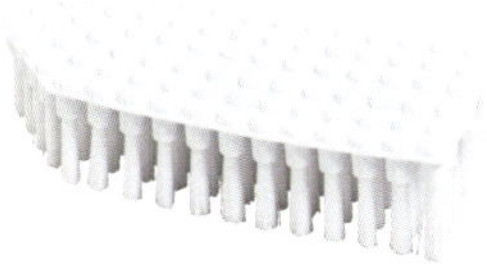

オール白の掃除ブラシ

出しっぱなしでもすっきり見える白いブラシは、浴室に吊るして。汚れたら気軽に取り替えられる値段も魅力です。／Seria

column

「グラタン事件」から学んだこと

「だったら、あなたたち2人でグラタンをつくりなさい」。

子どもが小学校低学年の頃、私が放った言葉です。当時はまだ物が多く、部屋が慢性的に散らかっていて、私の口癖は「片づけなさい」でした。私がいくら頼んでも子どもたちが片づけないので、「私もあなたたちのいうことを聞きません。晩御飯、つくらないからね」といったのです。今から思えば、本当に大人げない態度でした。

子どもなりにこの場を収めたいと思ったのでしょう。ネットでグラタンのつくり方を調べ、材料をスーパーへ買いに行き、おいしそうなグラタンをつくってくれました。「お母さんごめんなさい、つくれません」と謝ってくるだろうという私の予想は見事に外れたのです。「グラタンなんてつくれるはずがない」と思っていたのは私だけで、子どもたちは買い物も料理だってできる。私が思う以上に、子どもたちはできるんだということを思い知らされました。

以来、「子どもだからできない」という先入観を捨て、何でもお願いしてみることに。私は観察役に徹し、「できること」と「できないこと」を見極め、「できること」を徐々に任せていきました。

互いに得意を引き受ける「お任せ家事」は、こうして誕生したのです。

PART
3
ミニマリストの着こなし

モノトーンである

ある講座で、「ミニマリストはなぜモノトーンの服が多いのですか？」というご質問をいただきました。私の服も、白やグレー、黒ばかりですが、これには理由があります。

以前は靴下にカラフルな色を取り入れ、変化を楽しんでいました。でも、たとえば赤い靴下を履いたとき、「バッグも赤でそろえると素敵かも！」と赤いバッグが欲しくなったのです。赤い靴下が呼び水となり、「もっと」「もっと」と次の買い物行動を引き起こす結果に。これが常態化すると、物は次第に増えていきます。

服をモノトーンでそろえると、どれを組み合わせてもなじみ、ファッションが完結します。すると、「もっと」「もっと」を求めなくなり、少ない数で満足できるようになるのです。

10万円出しても欲しいか

服はシーズン前に雑誌やネットを参考に探しますが、決めるのはテーマだけ。予算枠は設けません。

買ってもし失敗すると、「計画的に見積もって買ったのだから」と元をとろうとして手放せなくなります。これが積み重なると、「たくさんあるのに着る服がない」という状態に。

テーマに合った服を見つけたら、「10万円出しても欲しいか」と考えます。値段は関係なく、「その物が好きかどうか」でジャッジ。1着の回転率が高く、しっかり着倒すので、金額を気にしないともいえます。

服は枚数を買わないぶん、欲しいものにぐっとかける。逆にいえば、本当に欲しい物が見つかれば、数は関係ないのです。

服は型で選ぶ

大好きな白シャツも、子どもが成長して時間に余裕ができてからは、選び方に変化が出てきました。襟や袖口などディテールに目が留まるようになったのです。

そんなときに偶然出会ったのが、ＬＯＬＯのシャツ。流行に左右されないシンプルなデザインでありながら個性的で、今の気分にぴったり。プルオーバーなので、下にワイドパンツを合わせたり、ワンピースの上に重ねて楽しみます。

服は自分に合った型をひとつ持つと、コーディネートが決まりやすく、あれこれ浮気することがなくなります。買い物も、パターンが同じため、生地と袖丈を選ぶだけ。探す時間が最小限ですみます。

また、ハンガーに掛けて並べると、シルエットがぴたりと重なって、クロゼットが美しく整います。

少ない服で暮らすメリット

少ない数のメリットをいちばん味わえるのは、服かもしれません。私は、たくさん持っていたときより、おしゃれが楽しくなりました。

ファッションがフィットする

1着の回転率が上がり、消耗度が高まって、服の寿命が短くなります。劣化が目に見えると「もったいない」を手放せ、買い替えが容易に。服の好みは年齢や体型、ライフスタイルなどで変わるので、今の自分に合ったものを身につけられ、気分よく暮らせます。

コーディネートで悩まない

数が少ないと、組み合わせが簡単。私はおもにワンピースを主役にした2パターンで、ぐるぐる着回しています。朝は2パターンのどちらかに決めるだけなので、コーディネートがラク。しかも服は全部モノトーン。色合わせの必要がなく、無地か柄物を選ぶだけ。頭を使いません。

時間ができる

買い物は同じ店で同じ型から選べばいいので、あちこち探し回る必要なし。コーディネートはパターン化しているため、一から組み合わせなくてもOK。また、収納や管理にかかる手間も最小限。ファッションに関わるすべての手間が減り、時間が生まれます。

収納や管理を手放せる

それほど広くないクロゼットでも、ゆったりと並べられ、洋服の全容を把握できます。すると、目当ての服が見つかりやすく、出し入れのストレスから解放。服の状態もよくわかるので、メンテナンスのタイミングがつかめ、かつ要・不要のスピードが上がります。

ワンピースでパターン化

以前は、ボーダーカットソー×白パンツを1コーデとし、一年中着回していました。今はさらにシンプルになり、1枚で着られるワンピースが主役。上下の組み合わせに悩まずにすみます。

ワンピースはミニマルに着こなせる黒を選び、重くならないよう素材はリネンを。一年を通して着られ、シワが風合いになるため、アイロンがけがいりません。

ゆったりしたデザインを選べば、インナーを調節できて、寒い季節でもOK。私は部屋着を持ちませんが、足さばきがよく、家事をこなすにも最適です。

そのままで着る基本スタイルに、トップスを重ねたり、ボトムスに変化をつけたり。あらかじめコーディネートをパターン化しておけば、「毎日考える」から解放されて、本当にラクです。

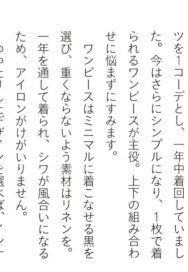

2パターンを着回す

ミモレ丈のワンピースを2通りに着回します。
ひとつは、上にニットやシャツなどトップスを重ねて、
ワンピースをスカート風に。もうひとつは、
下にワイドパンツを履いて、モードに着こなします。

Spring & Autumn

右／ストライプのシャツと白いスリッポンで爽やかさを演出。首の詰まったシャツなら、ワンピースの襟元も気になりません。
左／紺のパンツで縦長につなぎ、スラッとした印象に。白のトートバッグで重心上げ。

Summer

右／上にシャツを重ね、ギャザーの膨らみを生かして、スカート風を楽しみます。バッグと靴は黒で統一。左／重くなりがちな黒のワンピースを白いパンツとブローチで軽やかに。足元は黒で引き締めて。

Winter

右／P83のコーデに、グレーのコートを重ねた冬スタイル。コートからのぞくニットの白が、顔周りを明るく見せます。左／厚手のストールを羽織って、上着代わりに。柄物を重ねると、雰囲気が一変します。

番外編

お呼ばれ服

黒のワンピースは、パーティーにも使えます。胸元に大ぶりのアクセサリーをつけて、華やかさをプラス。

フォーマル用を使う

出番の少ないコサージュやパールのネックレスを積極的に活用。専用という概念を外し、物を自由に使います。

企業家の会合などには、黒のジャケットを合わせてきちんと感を。襟に花ブローチをつけて、やさしい雰囲気に。

「パターン化」のための ワードローブ全18着

ワンピースを主役に、トップスやボトムスを重ねるパターン化。色はモノトーンでそろえ、襟や丈、シルエットで変化をつけたラインナップに。

半袖ワンピース×2

重ね着しやすいノーカラーの黒無地を2着。ワンピースはファッション通販ナチュランで探すことが多いです。

長袖ワンピース×4

着回しの中心になる黒無地のほか、柄入りやチェックで変化を楽しみます。フルレングスのパンツと相性のいいミモレ丈を。

半袖シャツ

夏は重ね着の頻度が低いので、1枚あれば十分。長袖と同じ型なので、組み合わせに悩みません。こちらもLOLO。

長袖シャツ×3

白と紺のパンツに合う、白無地とストライプを所有。シンプルながら襟や袖口にこだわりが見えるシャツはLOLO。

ワイドパンツ×2

ワンピースには、ゆったりとしたシルエットのワイドパンツが好相性。白が無印良品で紺がユニクロ。

ニット×2

白とグレーの2色。ネック違いを選び、ワンピースとパンツの両方楽しめるように。ユニクロのメンズSを愛用。

パーカー

サッと羽織れるパーカーは、着脱の手間がミニマル。ワンピースと組み合わせると、カジュアル過ぎず、かわいらしい印象に。

ジャケット

リネン地の黒ジャケットは、講座や収納サービスなど、おもに仕事着として使用。ファッション通販ichiで見つけたもの。

コート

ミディアム丈のチェスターコート。グレンチェックなら、黒ワンピースに重ねてもやさしい雰囲気に。白パンツできれい目にも。

カーディガン

春、秋に重宝するグレーのロングカーディガン。丈が長めでワンピースとパンツの両方に合います。ユニクロ。

バッグは白と黒

ショルダーひとつとトートバッグ2つ。白と黒の無地で、シンプルにコーディネートします。黒の小には貴重品、大には書類などを。白のトートバッグは着こなしのアクセントにも。／上右・クリームカンパニー、上左、下・無印良品

ストールは万能色

何にでも合うグレーのストールを1枚。私が愛用しているのは、幅と長さがたっぷりの大判サイズ。マフラー、ショール、膝掛けなどに使えて、1枚で何役もまかなえます。ポケットつきで手袋もいりません。／クリッパン

靴と傘は晴雨兼用

好きな靴は雨でも躊躇《ちゅうちょ》せずに履きたいので、合皮を選びます。使い分けずにすむため、少ない数でOK。スニーカーは靴紐まで白で統一したミニマルデザイン。傘も晴雨兼用で1本しか持ちません。／上右、上中・shop kilakila、上左・ユニクロ、下・クニルプス

色靴下、やめました

色靴下は、少ない服で変化をつけるのに最適なアイテム。以前は履いていましたが、靴下に飽き足らずバッグまでバリエーションを求めるように。すると、中身を移し替えられず、忘れ物が増えたのです。今は原点に戻り、黒とベージュを選んでいます。

小さなアクセの大きな効用

靴やバッグなどのファッションアイテムは、コーディネートに悩まないため、シンプルなデザインで統一しています。

そのぶん、ピアスやブローチ、時計などは、いろんな種類を持ち、変化を楽しみます。花モチーフでフェミニンに、格子柄で知的な雰囲気に……。ピアスと眼鏡、ブローチと時計など、2点使いすれば、与える印象が大きく変わります。ただし、P91の色靴下にならないよう、色味はセーブ。

小物なら、収納スペースもコンパクト。小さな暮らしでも、たくさん持って楽しめます。

時計

文字盤がシンプルなモデル。ベルトの色が黒、シルバー、薄茶で、与える雰囲気が少しずつ異なります。フォーマルからカジュアルまで幅広く使えるラインナップ。

ピアス

花、格子、幾何学模様など、バリエーションを持ち、時計や眼鏡との相性で使い分けます。小ぶりな物を選んで、顔周りをすっきりと。

ブローチ

幾何学模様がミニマルな、刺し子のブローチを柄違いで所有。手芸が趣味なので、自分でつくりました。白い花のブローチは、七窯社　鈴木タイル店の「蒲公英《たんぽぽ》」。

眼鏡

いちばん欠かせないアイテム。あるとなしでは印象が変わるため、フレームの形や色違いを3つ持っています。すべて度なしで、アクセサリーとして使用。

少ないほど、手入れする

メイクグッズは写真にあるものがすべて（化粧下地はエトヴォス、そのほかはちふれ）。自分の肌に合う色は限られているので、色違いやシーン別に持つことはしません。眼鏡をアクセサリーとしてかけるため、アイメイクもなし。

　メイクグッズを手放すと、土台に気を遣うようになります。夜は化粧水を浸したマスクでパックし、仕上げに保湿クリームをたっぷり。朝には肌がピカッと輝きます。

子どもの頃からニベアを愛用。顔に使用して5年になりますが、肌トラブルはありません。手や体にも兼用。

爪やすりで爪を磨き、ネイルを塗ります。「胡粉《ごふん》ネイル」なら消毒用アルコールで落とせて除光液いらず。

財布はアブラサス。薄くて小さいので、バッグにすっきり収まります。必要最小限の機能も◎。

なくても、困らない

私のバッグを見た人は「よくそれだけで困りませんね」といいますが、本当に困ったことがないのです。鼻をかむならトイレに立てばいいし、エコバッグがなくても買い物をすれば袋がついてきます。そうやって考えていくと、携帯しなければならないものは4つ。では急な雨降りはどうするの？　では手を怪我したらどうするの？　と考え始めるとキリがなく、物はどんどん増え、荷物はどんどん重たくなります。

財布に入りきらない小銭は、コインケースに整理して習い事の支払いなどに使います。溢れたら貯金箱に。

ミニマリストのクロゼット

クロゼットは全容を明らかにすることで、服の整理が進みます。中身が見えづらい衣装ケースは撤廃し、つっぱり棒を渡してオープンなハンガー収納に。左右でゾーンを分け、スペースを夫婦でシェア。

すっきり見せる小さな工夫

着替えや洗濯など、毎日服を出し入れするクロゼットは、きれいを維持するのが難しい場所。手間をかけなくても美しく見えるよう、収納にこだわりました。

収納を白でつくる

つっぱり棒、つっぱり棚、ハンガー……。押し入れ内の収納システムは、全部白で統一しています。とくにハンガーの色がバラバラだと、ごちゃごちゃした雰囲気に。背景色を統一することで、服がより際立ち、大事にするようになります。

余白をつくる

服を吊るしたつっぱり棒は、使い勝手はもちろん、見た目も考慮して、取りつけ位置を決めました。あえて奥の壁が見える素通しにすることで、すっきり見えるからです。また、服はゆったりと並べるだけで、きれいな状態を維持できます。

グラデーションに並べる

ロールスクリーンを上げたとき、服の色がそろっているとうっとりします。服はまず、アウターやトップスなどカテゴリーで分けて掛けます。次に、柄物をまとめ、無地は濃淡を段階的に並べればOK。コーディネートもしやすくなります。

季節外は分ける

つっぱり棒に服をぎゅうぎゅうに掛けると、見た目に美しくありません。そこで、服はオンシーズンとオフシーズンに分け、オフシーズンは畳んでかごに入れて後ろの棚に。衣替えが必要になりますが、整理のチャンスと捉えます。

服を減らすチャンスをつくる

基本的に、服は飽きるものだと考えます。どんなに好きでも、時間が経てば気持ちが遠のく服も。小さなストレスを見逃さず、一年を通して整理を続けています。

ハンガーを取り替える

クロゼットがごちゃごちゃなのは、ハンガーがバラバラのせい………。そう思っているのなら、ハンガーを総取り替えしましょう。購入するには、服を出して数を数える必要があり、総量を把握できます。50着など数字で表すと客観視でき、着ない服を手放しやすくなります。

3月にやる

服は、オンシーズンのものだけを吊るすようにしています。夏は半袖、冬はウールと出す服が限られるのですが、3〜5月は冬春夏服が稼働するため、パンパンになります。出し入れや探すのにストレスを感じたら、服を見直す機会に。「困った!」を整理につなげます。

ワクワクは「もったいない」を超える

新学期や新年を迎えるタイミングは、整理のチャンスです。その理由は、新しいものを身につけるのは気持ちよく、古いものを手放しやすくなるから。ワクワクした気持ちが「もったいない」を凌駕《りょうが》するのです。わが家の場合は、4月と9月に靴下と下着を新調しています。

column

「いつものアレ」で買い物をミニマルに

無印良品とユニクロがなければ、私のクロゼットは成り立ちません。私が暮らす地方都市には、近所に洋服を取り扱う店が少なく、試着して購入できるのがこの2店舗だからです。

逆にいえば、いつも買う場所が決まっているのは、とても便利です。あちこちと探し回らずにすみ、買い物に要する時間が最小限。あるなかから探すので、迷う時間が少なくてすみ、なければ諦めがつきます。服を短いサイクルで着回す私にとって、買い替えの手間がかからないのは重要なポイントです。

ハンカチや下着なども、無印良品やユニクロなら全国どこでも手に入るので、もし忘れても出先で簡単に同じものが手に入ります。「いつものアレ」と決めておけば、悩まずにすみ、収納もすっきり。間に合わせでテイストが異なるものを買って、見た目がごちゃごちゃすることもありません。消耗品もこの方法で、いつも同じ店にあるものを購入し、自然にテイストがそろうようにしています。

ネット通販の隆盛で、買い物にかける時間がどんどん増えていると聞きます。同じものを同じ場所で買うようにすると、買い物の時間はミニマル。ほかの大切なことに、時間を回せます。

PART
4

ミニマリズムと家族

家族で少ない物で暮らすルール

どんな物をどのくらい持つかは、個人の自由。

お互いの価値観を尊重し、家族が気持ちよく暮らすために、大事にしていることがあります。

自分の物は自分で管理

長男と長女は、漫画やゲームなど共通の趣味を持っています。それぞれが小遣いを貯めて購入した私物にもかかわらず、リビングで使うことが多いせいか、使用権を巡ってしばしば口論に。物を自分の管理下におくことで、兄妹喧嘩の芽を摘んでいます。

人の物には手を出さない

長男が高校生になり、私服を着て出かける機会が増えてきました。ある日、夫のシャツを黙って着るという事件が勃発。整髪剤も使った痕跡があります。これに似たことが片づけでもよくあり、家族間のトラブルに。必ず持ち主の許可を得るようにしています。

使用頻度の低い物は共用

遠出用のボストンバッグやリュックなど、年に数回しか使わない物は、家族みんなで使います。旅行や出張がかち合うことはないですし、収納場所も1か所でOK。そのため、男女とも違和感なく持ち歩けるユニセックスなデザインで、色は黒を選びます。

壊れても怒らない

高くてよいものがベストとは限りません。たとえば発達障害を持つ長女は感情のコントロールが苦手で、物に当たってしまうことがあるため、傘などは安価なものを選び、壊しても自責の念にかられずにすむように。家族も穏やかな気持ちで見守っていられます。

夫の「1コーデ制服化」

夫婦のクロゼットから、衣装ケースがまるっと消えました。夫の服がぐんと減ったのです。

3年前から移動カフェを始めた夫は、仕事着に白シャツとジーンズという組み合わせを選びました。以前は仕事の関係で、服はTPOで使い分けていたのですが、今はどこへ行くにも白シャツとジーンズでOK。いわゆる「1コーデ制服化」です。

また、服を衣装ケースから出して吊るしたことで、目に留まるようになり、着ない服を整理。衣装ケースはいくらでも突っ込めますが、ハンガーの数は決まっているので、考えて買うようになったそうです。

洋服には無頓着だった夫が、「1コーデ制服化」にしてから、シャツにこだわるように。今では「おしゃれだね」といわれるようになりました。

BEFORE

押し入れ収納だったときは、奥行きを活用するため衣装ケースを利用。たくさん入るうえに、服の全容がわからないため、着ない服も混ざっていました。

「必需品」という思い込み

右／押し入れの引き出しは、アクセスのいい場所によく使う物を。数が少ないので、ただ並べるだけ。収納用品はいりません。左／中段の手前は空けて、進行中のものをサッと片づけられるように。ゴミ箱も床に置かず、ここを定位置に。

昔からダイニングテーブルで勉強をしてきたせいか、子ども部屋には学習机がありません。

ではどうしているかというと、自由な場所で好きな格好で勉強をしています。あぐらをかきながら教科書を読んだり、腹這いになってプリントを仕上げたり。ときには折り畳みテーブルを使うこともありますが、登校前には「床の物を片づける」というルールが定着しているので、床に物がないのがデフォルトになっているようです。

子どもが幼い頃、おもちゃは親が先回りして買うことはしませんでした。本人が欲しいといったものを買う。すると、「これさえあれば満足」が当たり前に。物は親が買い与えるのではなく、「必要だから持つ」。わが家では「必要だったら買うよ」が合言葉になっています。

捨てられる女になりました

発達障害を持つ長女は、片づけが苦手です。長男と相部屋だった頃は、大量に抱え込んだ物を部屋じゅうに散らかし、喧嘩の種になっていました。そのため、片づけの「3カウントルール」を実施。登校までに片づけていないものはゴミとみなし、朝の掃除で回収してキッチンのゴミ箱へ。自分で拾いにこなければ、処分していました。

ところが、それぞれに自室を与え、自分の物を自分で管理するようになったら、片づけのスキルがアップ。部屋には自分の物しかないので、散らかりの原因が自分であることを自覚。片づけないと物が溢れて困るため、捨てるようになったのです。

この間、私は何の手助けもしませんでした。とことん放置して、本人に気づかせる。娘の場合は、何もしないのが正解だったようです。

部屋の収納は2か所あり、出窓のそばの棚には、道具や紙、好きなものを。服は吊るして出し入れしやすく（右ページ）。

片づけが苦手な子どもでもできるコツ

すぐに見つかり、簡単に戻せる。
この2つができれば、日々の暮らしは
困りません。本や文房具など、
量が多いものの分類と配置が鍵になります。

目印

マジックのパッケージを写真に撮り、プリントアウトしてラベル代わりに。これがないとどこに戻してよいかわからず、「空いているところ」に置いてしまいます。写真なら読み取るスピードが早く、時間がないときでもサッと戻せます。

掛ける

服を畳んで引き出しに入れ、きれいに整頓するのは難易度が高いもの。そこで、ハンガーに引っ掛けるだけのオープン収納に。見つけやすいので、身支度がスムーズなうえ、全容を把握できるため、「いらない」タイミングを逃しません。

分ける

本を1か所にまとめていたときは、なかなか見つけられないことも。そこで、好きな本、学校の本、興味が薄い本に分け、3か所に分散。探す範囲が狭まってすぐ見つかるように。写真は押し入れの天袋を利用した「興味が薄い本」置き場。

一時避難

物にはなるべく指定席を用意しますが、付録やもらい物、学用品の一時預かりなど、出入りの激しいものは自由席制に。かごやボックスで「何でもボックス」をつくり、ざっくり入れています。いっぱいになったら見直し。

飾る場所

出し入れの頻度が低く、うっかり落とす心配のない最上段を、好きなものを飾る場所に。雑貨やぬいぐるみ、子どもの作品など、収納を後回しにしがちなものこそ、スペースを確保しておくことで、部屋はすっきりと片づきます。

思春期の物増え問題

わが家の物の総量は減る傾向にありますが、一方で増えているのが子どもの物。

高校生にもなると、部活や趣味など交遊関係が拡がり、おしゃれを意識するのでしょう。髪を整える整髪剤などは、ひとつふたつと増え、カラフルなパッケージが洗面所を侵食しています。これではみんなが気持ちよく使えないので、目隠し用の布製ボックスを用意し、その中にしまうルールに。

また、自分専用のスマホも持ち始めました。ただ常に携帯はせず、リビングの定位置に置いて、使ったら戻すように。パソコンも子ども部屋には置かず、利用時間を制限。家族で過ごす時間を大事にしています。

物の持ち方は、家族であってもそれぞれ。口出しはしませんが、家族みんなが気持ちよく暮らすためのルールは話し合って決めています。

思い出は数ではない

子どもの作品や家族写真などの思い出の品は、書類ケースの「思い出」フォルダーにまとめています。子どもが幼い頃の写真数枚と、ハーフ成人式にもらった手紙。これくらいなら非常時でも持ち出せて、一生の宝物になります。

写真は子どもが幼い頃はよく写していましたが、中学生になった頃からあまり撮らなくなりました。私自身の過去の写真も手元に残していません。わが家は引っ越しが多いので、小さな家に住み替えるうちに、少しずつ処分。今では長女の部屋にアルバム2冊が残るだけです。

思い出の品をどう持つかは、生き方に直結するので、人によって正解が異なります。私や夫、子どもたちは、「見返さないなら必要ない」という判断で、少なく持っています。

行事用品は使い捨てがちょうどいい

端午の節句、ひな祭り……。わが家は季節の行事を楽しむ習慣がないので、押し入れがイベント用品で占拠されることはありません。子どもが幼い頃は、両親から贈られたものがありましたが、収納が少ない家に引っ越したのを機に手放しました。

とはいえ、新しい年を迎える正月は格別です。木の枡を花器に見立て、造花やのし袋などを使って正月飾りをつくり、松が開けたらすべて廃棄。100円ショップで買ったものなら気軽に処分できて、「もったいない」を手放せます。専用の花器や飾り台を持たないので、収納に頭を悩ますこともありません。

重箱や屠蘇器《とそき》なども持たず、お節料理も用意しません。代わりに「欲望解放デー」なるものを設け、それぞれが好きな食べ物を買い込んでわいわい楽しみます。

来客用という体裁を手放す

スリッパも食器もカトラリーも、いわゆる来客用は持っていません。

ふだんから手入れをしていれば、家族と兼用で十分。「よそゆき」を別に持ち、管理を増やすことはしません。写真のスリッパは夫と私が履くものですが、2足あれば不意の来客でもたいていは間に合います。

わが家にお客さまを招くときは、いつもより念入りに掃除をします。空間を整えることが、私のおもてなしです。

ふだんは縁側の壁に飾り、雑貨として楽しんでいる竹かごをお菓子入れに使います。

夫婦の喪服は持つ

身軽に暮らすために、喪服を持つか持たないか。ミニマリストのなかでも意見が分かれるところですが、私の答えは「持つ」です。私も夫もフォーマルウェアを持っています。

喪服は、いわば社会に対する態度表明だと考えます。大事な方の結婚式やお葬式に、私がどういう気持ちでのぞんでいるのか。喪服はそれを表すツールであり、単なる服ではありません。

そこには、夫婦互いの家族に対する思いが通います。私の実家なら、ふだん着ている黒のワンピースで代用するかもしれません。でも、夫と夫の家族を思えば、喪服を手放す選択肢は浮かんでこないのです。

ミニマリストの備え

避難時や避難先での家族の健康を真っ先に考えました。食料がないのは、キッチンのストック庫から持ち出すため。リュックにまとめて玄関脇に置いています。

左上から時計回りに／皿やコップは使い捨てを。使い回せるようにラップも用意。カセットコンロとガスは、カップ麺などの湯を沸かすために。ゴミ袋は物入れ、テープやはさみは傷の手当てや物の固定に。情報を得るラジオは手回しで充電できるものを選び、取扱説明書も一緒に。病気を防ぐ衛生用品（除菌シート、マスクなど）。雨のなか逃げ出す場合に備えて、レインコートを人数分。右は懐中電灯。

子育てのシンプルルール

子育てもいよいよ最終段階。
家族が円満で、お互い気持ちよく
過ごせていれば、社会でも
独り歩きできると考えています。

等価交換で価値を知る

人に何かを頼んだり、お金を得るときは、等価交換が基本。たとえば長男は昨春スマホデビューしましたが、お小遣いでは支払いが追いつきません。そこで、スマホ代を稼ぐために、毎日の食器洗いを請け負っています。お金や労力はタダではないことを、家庭内で体験させます。

親にできることは少ない

たとえば子どもが「部活辞めようかな?」と相談してきたら、「それはあなたの問題」と本人に返します。理由は子どもから学ぶ機会を奪いたくないから。冷たく聞こえるかもしれませんが、問題を解決するスキルを身につけさせることが、親としての務めだと考えます。

非を認める勇気

学校や社会で何かトラブルに巻き込まれたとき、「自分が悪い」と非を認めるのは、大人であっても勇気のいること。でもそれが原因で、人間関係がこじれることがあります。「ごめんなさい」そして「ありがとう」。シンプルな人間関係の基本を身につけてほしいと願っています。

家は安らぐ場所である

リビングの居心地がよければ、親子で過ごす時間が長くなって、子どもの心は落ち着きます。では、居心地のよいリビングはどうつくるか。それは、「勉強しなさい」と口うるさくいわないことです。家の役割は、家族がゆっくり安らぐこと。食後の団らんが、わが家の日課です。

お金の自立、進めています

長男の自立までおよそ2年。わが家は18歳になったら家を出て、自活するのが親子の約束です。

それまでに身につけることは3つ。社会、精神面、お金の自立です。社会で自立するには、洗濯や掃除など身の周りのことをこなすスキルが必要ですが、これはお手伝いで習得しました。精神面については、ピアプレッシャー（同調圧力）に押しつぶされないよう、ふだんの会話のなかで自分自身の考えを持つ重要性を伝えています。

最後のお金は、文字通り暮らしにかかるお金を把握すること。お金のことはだれも話したがらないので、家庭でしっかり勉強します。自分の口座を開き、カードや通帳を持ち、小遣いや臨時収入を管理。お金の動きを「見える化」してやりくりし、金銭感覚を養います。

家族会議、継続中

息子が就学前からずっと、「家族会議」を続けています。子どもが成長し、昔に比べて頻度は下がりましたが、それでも2、3か月に一度は、会議を開いています。

最近の議題は、子どもたちの「ゲーム中毒問題」。ゲームに集中すると時間感覚を失っていつまでもやり続けるので、一日の使用時間を限定。紙に書いてリビングの目立つ場所に貼れば、親がチェックできて子どもも言い逃れできません。

会議では、まず子どもたちの言い分を聞きます。その後、家族で意見を出し合い、最終的には子どもたちが決めます。ここが重要で、自分で決めることで責任を取らせます。

家族会議のいいところは、子育てを母親ひとりで抱え込まずにすむこと。夫とシェアできるのが、もうひとつの利点です。

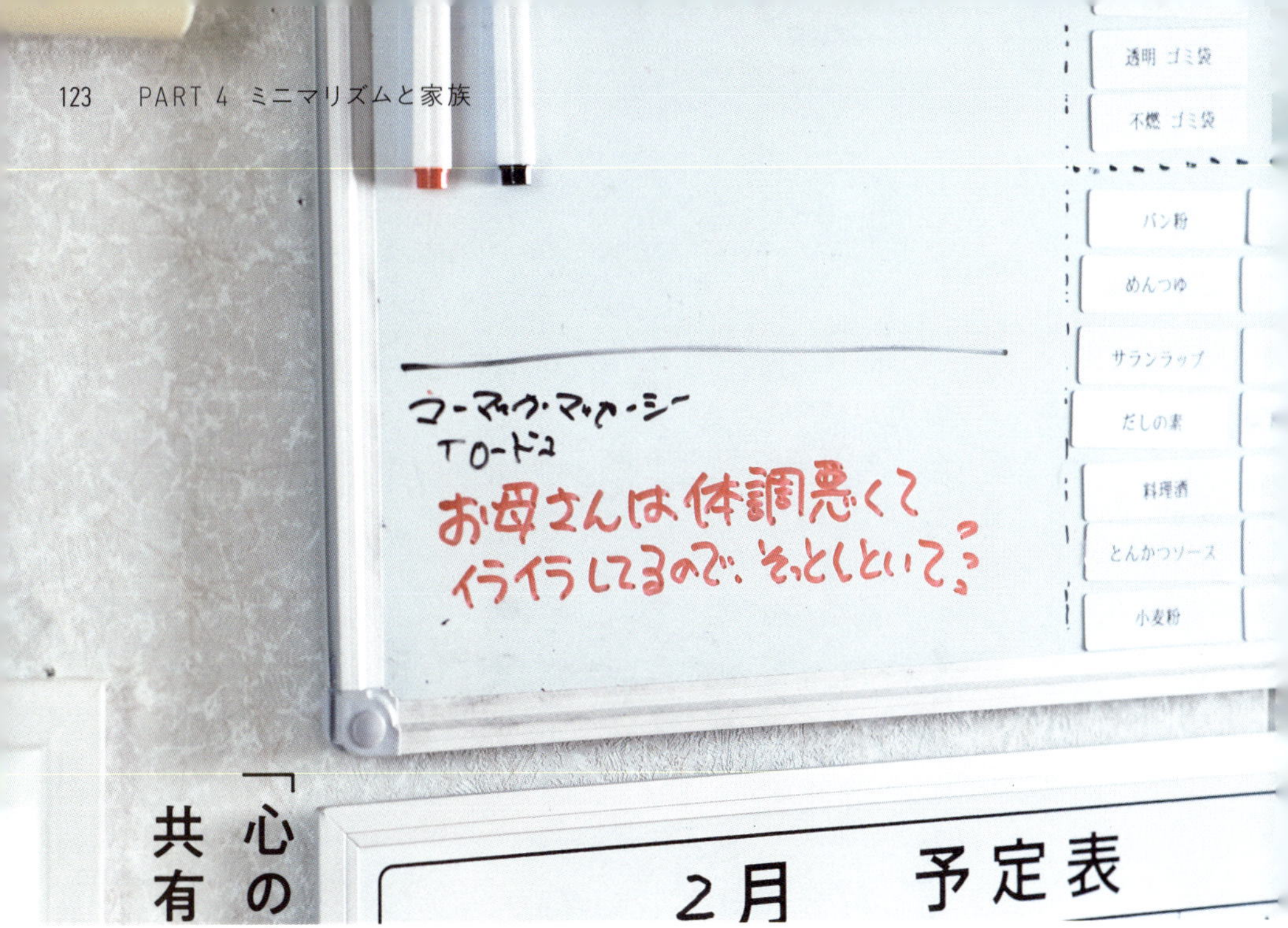

「心の内側」を共有する

いささか事務的に見えるホワイトボードですが、わが家にとっては大事な家族の伝言板。物や情報はもちろん、心の状態も伝え合うようにしています。

子どもの成長に伴って母子分離が進み、私も働きに出るようになりました。外での活動が増えてくると、すれ違いが増え、家族のコミュニケーションが希薄になりがちです。

そんなときは、ホワイトボードを使って伝言を残します。「疲れているからそっとしておいてほしい」「忙しい時期なので家事の協力をお願い！」。文字で表すことで、感情的にならず、冷静に伝えられます。

親子や夫婦といっても、心の内側まではわかりません。その前提に立って、コミュニケーションを甘やかさないようにしています。

子どもの自立は、すなわち親の子離れを意味します。一抹の淋しさはありますが、少しずつ心の準備を始めています。

三年前に、好きな収納を仕事にしようと、資格取得の勉強を始めました。発達障害を持つ長女に適した片づけのしくみをつくれたら、という思いもありました。目標を決め、まるで受験生のように勉強に励み、整理収納アドバイザーとライフオーガナイザーの資格を取得。今は慢性的に片づけが苦手な方へのサポートを現場に入って勉強中。まだまだ駆け出しですが、少しずつ顧客がつき、セミナーや講座を持つまでに。おかげで忙しい日々を送っています。

私の自立は、収納の仕事を始めることでした。親が自分の世界を持つことで、子どもの自立を心から応援できるような気がしています。

母も、自立へのカウントダウン

子どもに残すモノは

18歳で子どもが独立したら、夫婦での生活がまた始まります。家を持たず、身軽な賃貸暮らしを続けようと話しているので、子どもに残すモノは何もありません。

あるとしたら、生きるスキルでしょうか。P121でもお話ししましたが、家庭生活で社会、精神面、お金の3つの自立する力を養うことが、親の役割だと考えています。そのうえで、「将来何で食べていくか」という道筋をつけること。ゲーム好きの長男はプログラマーを目指し、10歳から教室通いを続けています。長女は水族館の飼育係が目標で、情報収集に余念がありません。

いずれも子どもたちが自分で見つけた道で、親がやったことといえば教室への送迎と水族館巡りのお供くらい。人からやれといわれるとやらないものですが、自分からやるといったことは続くものです。

おわりに

日々の出会いのなかで、「わが家は物が多くて恥ずかしいです」と申し訳なさそうに話される方がいます。一方で、家に物が少ないことを「物が買いたくても買えない」という貧しさの象徴と捉える方もいらっしゃいます。

物が多いことを恥じる人がいれば、物が少ないことを恥じる人もいる。それは、価値観による違いで、変えられるものですし、変わっていくものだと思っています。とくに「暮らし」の変化は顕著です。私の場合は、雑貨ひとつから始め、今に至ります。今日、明日には変わらなくても、一年、二年後は必ず変わります。変わっていないように見える物事も、じつはゆるやかに変化しているのです。そして、「暮らし」の変化は、家族へ好影響をもたらします。

近い将来、高校生の長男は自活し、娘も自立へ向けて動き始めます。そして夫と私は、子どもが巣立ったあとの暮らしのビジョンを考え、準備していることでしょう。もしかしたら、改造した軽トラックを住まいにし、全国各地を転々と回るモバイルライフを楽しんでいるかもしれません。発達障害に悩む人のサポートも続けていきたいです。

私たち家族にとって持たない暮らしは、自分が自分らしく生きるための手段でした。あなたのまっさらな未来が、あなたらしく迎えられることを願ってやみません。

２０１９年2月　やまぐち　せいこ

やまぐちせいこ

ミニマリスト／夫、16歳の長男、14歳の長女と大分県に暮らす。「棚ひとつ」を拭くことから始め、物が少ないと掃除が劇的にラクになることを実感。徐々に物を減らし、今では引っ越しを自家用車ですませるまでに。片づけが苦手な長女の助けになりたいと、整理収納アドバイザー、ライフオーガナイザーの資格を取得し、収納サービスを開始。現在は、慢性的に片づけができず日常生活に支障を来している人をサポートしながら、どう問題が解決するか研究中。著書に『少ない物ですっきり暮らす』（小社刊）、『シンプル思考ですっきり身軽に暮らす』（マイナビ出版）などがある。

執筆・編集協力　浅沼亨子
撮影　林　ひろし
川井裕一郎（P107）
デザイン　細山田 光宣＋狩野聡子
（細山田デザイン事務所）
イラスト　やまぐちせいこ
校正　東京出版サービスセンター
編集　森 摩耶（ワニブックス）

少ない物で「家族みんな」がすっきり暮らす

著者　やまぐちせいこ

2019年 2 月28日　初版発行
2019年11月10日　3版発行

発行者　横内正昭
編集人　青柳有紀
発行所　株式会社ワニブックス
〒150-8482
東京都渋谷区恵比寿4-4-9　えびす大黑ビル
電話　03-5449-2711（代表）
03-5449-2716（編集部）
ワニブックスHP　http://www.wani.co.jp/
WANI BOOKOUT　http://www.wanibookout.com/

印刷所　凸版印刷株式会社
DTP　株式会社三協美術
製本所　ナショナル製本

※本書で紹介しているアイテムはすべて著者の私物です。
商品の価格や仕様が変更になったり、現在購入できない場合がございますのでご了承ください。
※本書の整理収納や掃除方法などを実践いただく際は、建物の構造や性質、商品の注意事項をお確かめのうえ、自己責任のもと行ってください。

ISBN978-4-8470-9754-6